Globalisierung gestalten

Globalisierung gestalten

Recht, Wirtschaft und Demokratie in der Europäischen Union (1973–2000)

Eine Veröffentlichung
aus dem Arbeitskreis für Rechtswissenschaft
und Zeitgeschichte an der Akademie der
Wissenschaften und der Literatur | Mainz

Herausgegeben von

Frank Schorkopf und Lutz Raphael

Mohr Siebeck

Frank Schorkopf ist Inhaber des Lehrstuhls für Öffentliches Recht und Europarecht der Georg-August-Universität Göttingen und ordentliches Mitglied der Niedersächsischen Akademie der Wissenschaften zu Göttingen.
orcid.org/ 0000-0001-8486-8250

Lutz Raphael ist Senior-Forschungsprofessor und ehemaliger Inhaber der Professur für Neuere und Neueste Geschichte an der Universität Trier.

Gedruckt mit Unterstützung der Walter und Sibylle Kalkhof-Rose-Stiftung

ISBN 978-3-16-164479-5 / eISBN 978-3-16-164480-1
DOI 10.1628/978-3-16-164480-1

Die Deutsche Nationalbibliothek verzeichnet diese Publikation in der Deutschen Nationalbibliographie; detaillierte bibliographische Daten sind über *https://dnb.dnb.de* abrufbar.

Gedruckt auf alterungsbeständiges Papier. Satz: Martin Fischer, Tübingen.

Mohr Siebeck GmbH & Co. KG, Wilhelmstraße 18, 72074 Tübingen, Deutschland
www.mohrsiebeck.com, info@mohrsiebeck.com

Vorwort

Der Arbeitskreis Recht und Zeitgeschichte der Akademie der Wissenschaften und Literatur | Mainz hat sich auf seiner Jahrestagung im Juni 2023 mit der Globalisierung befasst. Im Mittelpunkt der gemeinsamen Diskussion von Zeithistorikern und Juristen standen drei übergreifende Leitfragen: Waren die Akteure in den Mitgliedstaaten und in der Europäischen Union sich ihrer gestalterischen Rolle in der Phase der Globalisierung seit den 1970er Jahren bewusst oder folgten sie der Logik des Sachzwangs? Wird die Einbindung in überstaatliche Zusammenhänge als positive Bestätigung oder als negative Begrenzung von Demokratie gesehen? Welche Bedeutung wurde Recht im Globalisierungsdiskurs und Handeln im Kontext der Globalisierung seit den 1970er Jahren zugeschrieben?

Dieser Band enthält Referate von vier Mitgliedern des Arbeitskreises, zwei Historikern, Kiran Klaus Patel und Jan-Otmar Hesse, und zwei Juristen, Jan Thiessen und Frank Schorkopf. Die Referate waren Grundlage der Diskussion, zusammen mit einem Quellenband, der hier nicht berücksichtigt werden konnte. Dessen Inhalt kann aber über die zitierten Nachweise weitgehend erschlossen werden. Die Studien legen das Augenmerk auf Multinationale Unternehmen, auf den europäischen Warenhandel im Rahmen des Allgemeinen Zoll- und Handelsabkommens GATT und auf die Binnendemokratisierung der Europäischen Union und greifen damit – zweifelsohne – nur

Aspekte der Globalisierung heraus. Sie geben gleichwohl Antworten auf die Leitfragen und leisten einen Beitrag, „Globalisierung" zu historisieren und die Bedeutung des Rechts darin besser zu verstehen.

Wir danken Lena John für die Unterstützung bei der Formatierung der Manuskripte. Die Walter und Sybille Kalkhof-Rose-Stiftung hat die Tagung und Veröffentlichung durch einen großzügigen Zuschuss gefördert.

Göttingen/Trier im April 2025 *Frank Schorkopf*
Lutz Raphael

Inhaltsverzeichnis

Die Europäische Union nach dem Übergang

Demokratisierung eines globalen Akteurs

Frank Schorkopf

I. Kontexte und Begriffe

Was bedeutet „Globalisierung gestalten“ und weshalb ist der Begriff auf das Dreieck „Recht – Wirtschaft – Demokratie“ bezogen? Oder anders gefragt, warum trägt dieser Band den gewählten Titel?

Als „Globalisierung“ wird der Prozess wirtschaftlicher Verflechtung beschrieben, der bestehende Hindernisse für den weltweiten Handel mit Waren und Dienstleistungen, die Zirkulation von Kapital und die Freizügigkeit von Menschen abgebaut hat. „Globalisierung“ beruht auf einer Entdifferenzierung, die historisch überlieferte Unterscheidungen unter Rechtfertigungsdruck stellt oder sogar verbietet. Bei diesen Unterscheidungskriterien handelte es sich zuerst besonders um den Ursprung von Gütern, den Sitz von Unternehmen und die Staatsangehörigkeit von Personen, heute geht es vordringlich um nichttarifäre Handelshemmnisse wie technische Standards.

Die Definition lässt das Subjekt dieses Prozesses unbestimmt – wer hat den Handel mit den genannten Gütern liberalisiert, Investitionen begünstigt und die Migration erleichtert? Als Antwort wird zumeist und richtigerweise auf technologische Entwicklungen verwiesen, die die Möglichkeiten rascher Kommunikation und günstigen Transports erheblich vergrößert haben. Sodann wird der institutionelle Rahmen genannt, vor allem die Bildung von regionalen Handelsblöcken wie der Europäischen Union und die Bemühungen um ein Welthandelssystem wie das Allgemeine Zoll- und Handelsabkommen GATT und seit Mitte der 1990er Jahre die Welthandelsorganisation. Doch will man nicht bereits auf die administrative Regulierung von Kommunikation und Verkehr blicken, ist spätestens dieser Ordnungsrahmen des Welthandels das Ergebnis politischen Entscheidens in den beteiligten Staaten. Es waren – und sind weiterhin – die Vertragsstaaten mit ihren, soweit wir auf West- und Mitteleuropa schauen, parlamentarischen Demokratien, die sich auf das GATT und nachfolgende Handelsrunden zur Zollsenkung einigten, die zunächst die Europäischen Gemeinschaften und später die Europäische Union mit dem Binnenmarktprogramm gründeten, die rechtlichen Hürden für den freien Handel beseitigten und Diskriminierungsverbote einführten. „Globalisierung“ ist das Ergebnis politischen Gestaltens.

Mit dem Globalisierungsbegriff werden somit, je nach Beobachtungsperspektive, auch die mit der Staaten- und Marktöffnung verbundenen Folgen im Sinn einer Problembeschreibung zusammengefasst. Denn mit der wirtschaftlichen Verflechtung wird gesellschaftliche Aktivität noch weniger berechenbar und die Steuerungsprobleme der Politik nehmen zu. Diese Perspektive war etwa bestimmend für die Enquete-Kommission des Deutschen Bundestages zur Globalisierung der Weltwirtschaft Anfang der 2000er Jahre. Für die Kommission diente das Wort „Globalisierung“ als „Herausforderung für die *soziale und ökologische Gestaltung* des neuen Prozesses, nicht zuletzt auch für die Stärkung demokratischer Kräfte, die als Gegengewicht zu den Spreizungstendenzen wirksam werden können."[1]

Der Kommissionsbericht, jedenfalls die hinter ihm stehende Mehrheitsmeinung, machte deutlich, dass es bei der Globalisierung nicht allein um deskriptive Phänomene wie Handelsstatistiken und Indikatoren oder die zunehmende Zahl der Standardboxen auf Containerschiffen[2] ging. Dem Wort – nicht dem Begriff – seien in der Debatte zusätzliche Funktionen, die auch politische Instrumentalisierung adressierten, zugewiesen worden. So verwies der Bericht einerseits auf die Anreizwirkung für erhöhte Leistung im Bildungssektor und auf dem Arbeitsmarkt sowie das Argument des Erhalts internationaler Wettbewerbsfähigkeit, andererseits auf die Funktion als Symbolbegriff für alle bedrohlichen Entwicklungen, wie etwa ungerechte Güterverteilung zwischen Nord und Süd oder eine globale Umweltkrise.[3]

Mehr noch, „Globalisierung" konnte auch als Funktion beschrieben werden, um die Demokratie, sei es intentio-

---

[1] Deutscher Bundestag, Enquete-Kommission: Globalisierung der Wirtschaft – Herausforderungen und Antworten, BT-Drucks. 14/9200, 53 (Hervorhebung im Original).

[2] Levinson, *The Box*, 2016.

[3] Deutscher Bundestag, Enquete-Kommission (Anm. 1), 52. Zum Sprechen über Globalisierung Eckel, „Alles hängt mit allem zusammen." Zur Historisierung des Globalisierungsdiskurses der 1990er und 2000er Jahre, *Historische Zeitschrift* 307 (2018), 42 (50): „Doch sollte dies nicht den Blick darauf verstellen, dass die soziale Trägerschaft des Diskurses deutlich eingeschränkter war. Über die Globalisierung redeten und schrieben vor allem jene, die viel reisten, kulturell interessiert, den neuen Technologien gegenüber aufgeschlossen und also eher wohlhabend waren. Es waren vor allem ihre Erfahrungen, die in den Büchern und Reden transportiert wurden."

nal, sei es faktisch, zu begrenzen. Demokratie ist für die Rechtswissenschaft zunächst eine spezifische Form, politische Herrschaft durch Wahlen und Abstimmungen zu rechtfertigen. Diese formalisierte Demokratie erschöpft sich nicht in der Legitimation von Politik mittels verfassungsrechtlich garantierter Rechte auf allgemeine Wahl der Parlamentarier und möglicherweise eines direktgewählten Präsidenten. Sie kann auch in der Ausprägung als Selbstverwaltung der eigenen Angelegenheiten durch Betroffene oder aber, und hier besteht eine größere Schnittmenge mit nicht-juristischen Zugängen zum Demokratiebegriff, als Teilhabe verstanden werden. Bürgerinnen und Bürger wirken an politischen Angelegenheiten mit und werden beteiligt, organisieren Öffentlichkeit, protestieren und akklamieren ohne die Entscheidungsverantwortung gewählter Vertreter in den repräsentativen Gremien.[4] Entsprechende Demokratieverluste entstanden intentional aus der völkervertraglichen Selbstbindung der Staaten und der Europäischen Union an die multi- und bilateralen Handelsverträge und waren faktisch gegeben, weil eine beabsichtigte partikulare Wirtschaftsregulierung eine deutlich negative Folgenabschätzung für die eigene Wettbewerbsfähigkeit im weltweiten Vergleich der Wirtschaftsräume ergab.

Die vertragliche Selbstbindung in komplexen Strukturen wurde als prinzipielle Kritik am multilateralen Welthandelssystem formuliert. Von diesem kritischen Standpunkt aus war der europäische Binnenmarkt, trotz der

---

[4] Barber, *Strong Democracy*, 2004; Nanz/Leggewie, *Die Konsultative*, 2016; speziell zum wirtschaftlichen Globalisierungskontext Krajewski, Demokratisierung, Partizipation und Transparenz in der WTO, in: Engels/Liebig (Hgg.), *Die Zukunft des Welthandelssystems*, 1999, 123 ff.

ideellen Begeisterung für die Integration, eine institutionelle Ordnung des Neoliberalismus.[5] Die Kritik ging noch einen Schritt weiter und sah das organisierte Europa als regionalen Ausdruck eines von Ökonomen und Juristen entworfenen Welthandelssystems, das nach 1945 gegen dominierenden Einfluss parlamentarischer Demokratien – und deren vermutete Mehrheitspräferenz für sozialistische Wirtschaftspolitik – bewusst abgeschirmt worden war. Aus der Bundesrepublik kam aus dem Umfeld der Ordo-Schule die Idee einer Wirtschaftsverfassung hinzu, also eines nur schwer, mit qualifizierten Mehrheiten änderbaren Rahmens für wirtschaftliche Aktivität.[6] Einer der juristischen Gravitationspunkte dieser Debatte waren die Menschenrechte, die in den 1970er Jahren neu entdeckt und praktisch anwendbar gemacht wurden.[7] Interessant ist, dass beide Seiten – Befürworter und Kritiker der Handelsfreiheit – sich auf die Menschenrechte beriefen. Die einen beriefen sich auf Wirtschafts- und Eigentumsfreiheit Multinationaler Unternehmen, die anderen auf ein Recht auf Entwicklung von Staaten, auf Gesundheits- und später Umweltschutz der Bürger. Beide Seiten betonten die demokratische Gestaltungsfreiheit von Gesellschaft durch Mehrheitsentscheid, dem die Menschenrechte als institutioneller Minderheitenschutz Grenzen setzten.

---

[5] Trecker, Neoliberalismus: Über ein intellektuelles Missverständnis, *Jahrbuch für Wirtschaftsgeschichte/Economic History Yearbook* 64 (2023), 263 ff.

[6] Slobodian, *Globalisten*, 2019, 311 ff.

[7] Moyn, Die Rückkehr des verlorenen Sohns – Einleitung: Die 1970er Jahre als Umbruchphase in der Menschenrechtsgeschichte, in: Eckel/Moyn (Hgg.), *Moral für die Welt?*, 2012, 7 ff.; Eckel, Neugeburt der Politik aus dem Geist der Moral – Erklärungen einer heterogenen Konjunktur, in: *ebenda*, 22 ff.

Erst mit der Annäherung an das Ende des hier gewählten Betrachtungszeitraums, zu Beginn der 2000er Jahre, wird deutlicher, dass organisierte politische Gemeinschaften besonders wie die Europäische Union aufgrund ihrer erheblichen Bevölkerungsgröße und ihres ausgreifenden Territoriums die Bedingungen des globalen Wettbewerbs und damit der Globalisierung maßgeblich beeinflussen und möglicherweise auch entscheidend setzen können.[8] Das Recht ist dafür Gestaltungsressource, indem es Standards definiert, Ge- und Verbote ausspricht, ebenso wie Instrument der Globalisierung, etwa um völkervertragliche Rechtspflichten durchzusetzen.

Die titelgebenden Begriffe werden demnach zweifach markiert: Zum einen durch die beiden disziplinären Pole des Arbeitskreises Recht und Zeigeschichte an der Mainzer Akademie der Wissenschaften, die Rechts- und die Geschichtswissenschaft, zum anderen durch den gewählten Betrachtungszeitraum. Das Jahr 1973 steht für den Zusammenbruch der Weltwährungsordnung von Bretton Woods, den Beginn der Jahre „nach dem Boom"[9] und eines außenwirtschaftlichen Wandels.[10] Das Ende der *trente glorieuse*, der drei wachstumsstarken Nachkriegsjahrzehnte, markiert auch – nahezu – den Beginn einer neuen Integrationsphase. Die zwölfjährige Übergangszeit für den Aufbau des

---

[8] Vgl. Mestmäcker, *Die Wirtschaftsverfassung der EU im globalen Systemwettbewerb*, 2011, 7. Die globale Rechtsetzungsmacht der Europäischen Union ist Gegenstand der These von Bradford, *The Brussels Effect*, 2020, siehe unten S. 29, 119.

[9] Doering-Manteuffel/Raphael, *Nach dem Boom*, 2012.

[10] Wirsching, „Kaiser ohne Kleider"? Der Nationalstaat und die Globalisierung, *Vierteljahrshefte für Zeitgeschichte* 68 (2020), 659 (664): „Trotzdem spricht vieles dafür, die Geschichte der Globalisierung seit den 1970er Jahren als Zäsur sui generis zu betrachten."

Gemeinsamen Marktes war zum 1. Januar 1970 erfolgreich ausgelaufen. Nun verlangte das Momentum nach neuen politischen Zielen und administrativen Projekten. Das Jahr 2000 schließt den Umbruch 1989/90 mit ein und steht für die Grenze, bis zu der eine zeithistorische Betrachtung sinnvoll ist.

II. Europäische Wirtschaftsdemokratie – das Mitbestimmungsdossier

Recht, Wirtschaft und Demokratie in ihrem Globalisierungskontext der Jahrzehnte von 1973 bis 2000 können im Dossier der Arbeitnehmerbeteiligung an Entscheidungen großer Unternehmen exemplarisch – und sogar in ihrer national-europäischen Verschränkung – zusammengeführt werden. Die Exploration führt zu den umfangreicher ausgearbeiteten Einzelthemen hin und hilft, verbindende Leitfragen zu definieren.

Zu Beginn der 1970er Jahre begannen Gewerkschaften in verschiedenen Mitgliedstaaten der Europäischen Gemeinschaften, nach einer Antwort auf die beobachteten Machtverschiebungen in den industriellen Beziehungen von Kapital und Arbeit[11] durch Multinationale Unternehmen[12] zu suchen. Mit ihrer verschachtelten Konzernstruktur entschied die Unternehmenszentrale mit Effekten für die gesamte, teilweise geografisch weit entfernte, Peripherie. Die Entscheidungen am Unternehmenssitz betrafen auch – vielleicht sogar zuerst – die Arbeitneh-

[11] Zu den klassischen Konflikten Raphael, *Jenseits von Kohle und Stahl*, 2019, 143 ff.

[12] Jones, *Multinationals and Global Capitalism*, 2005.

mer in den ausländischen Tochterunternehmen, Filialen und Niederlassungen, ohne dass sie an den unternehmerischen Weichenstellungen beteiligt waren. Zuweilen unterminierten territorial radizierte Strukturentscheidungen, wie Produktionsverlagerungen oder Werksschließungen, die Solidarität zwischen abhängig Beschäftigten, wie sie aus sozialdemokratischer Idealperspektive aufgrund gleicher Interessen auch grenzüberschreitend zumindest hätte bestehen sollen.

Europäisch betrachtet vollzog sich dieses arbeits- und sozialpolitische Bewusstwerden von Globalisierungsfolgen unter dem Eindruck eines kurz zuvor von den Staats- und Regierungschefs der beteiligten Staaten ausgerufenen *Social Europe*. Auf dem Haager Gipfel von 1969, auf dem sich die politischen Spitzen der sechs Mitgliedstaaten unter dem Motto „Vollendung, Vertiefung und Erweiterung" auf neue Integrationsthemen verständigt hatten, war unter anderem eine gemeinsame Sozialpolitik vereinbart worden.[13] Die Regierungen sahen darin einen Schritt, das organisierte Europa den Bürgern emotional näher zu bringen und eine bis dahin bewusst vernachlässigte Thematik im Integrationsprogramm aufzuwerten.[14] Der Gipfel war zudem der Ausgangspunkt für den in der ersten Hälfte der 1970er Jahre herausgebildeten Konsens unter den Mitgliedstaaten über eine notwendig bessere demokratische Beglaubigung der Gemeinschaften. Das Gemeinschaftshandeln sollte nicht länger allein von den gegenüber ihren

---

[13] Schorkopf, *Die unentschiedene Macht*, 2023, 125 ff.

[14] Andry, *Social Europe, the Road not taken*, 2022, 60 ff.; Warlouzet, A Flanking European Welfare State: The European Community's Social Dimension, from Brandt to Delors (1969–1993), *Contemporary European History* 33 (2024), 23 ff.

Parlamenten verantwortlichen Regierungen legitimiert werden. Die Europäische Union müsse, so der belgische Premierminister Leo Tindemans (1922–2014) in seinem Bericht vom Dezember 1975 an den Europäischen Rat, die Demokratie durch Institutionen stärken, die ihre Legitimität aus dem Willen der beteiligten Völker herleiteten. Beinahe beschwörend klang die weitere Empfehlung: „Wir müssen uns anhören, was unsere Völker zu sagen haben. Was wollen die Europäer? Was erwarten sie von einem vereinigten Europa?“[15]

Parallel war die thematische Neuausrichtung ein Weg, die sich verstärkende Kritik an der wirtschaftlichen Liberalisierungslogik der Integration zu adressieren. Der Gemeinsame Markt wurde von Kritikern, trotz des permissiven Konsenses über die europäische Integration, als institutionelle Ordnung des Neoliberalismus eingeordnet. Die Kritik ging noch einen Schritt weiter und sah das organisierte Europa als regionalen Ausdruck des von Ökonomen und Juristen entworfenen Welthandelssystems, das nach 1945 gegen dominierenden Einfluss parlamentarischer Demokratien abgeschirmt worden sei. Dafür ließ sich ein einflussreicher Autor wie Jan Tumlir (1926–1985) anführen, der für einen Think Tank des Allgemeinen Zoll- und Handelsabkommens (GATT) arbeitete und für eine internationalrechtliche, verfassungsähnliche Garantie von Handelsfreiheit und Nichtdiskriminierung als Schutz vor nationalen Regierungen eintrat.[16] Die Bemühungen

---

[15] Bericht über die Europäische Union (Tindemans-Bericht), Bull. EWG 1976, Beilage Nr. 1, abgedruckt in: BT-Drucks. 7/4969, 6; näher dazu Nielsen-Sikora, The ideas of a European Union and a Citizen's Europe, in: Van der Harst (Hg.), *Beyond the Customs Union*, 2007, 377 ff.

[16] Tumlir, International Economic Order and Democratic Con-

seit Mitte der 1980er Jahre, eine Welthandelsorganisation (WTO) zu gründen, die dann 1994 nach erfolgreich abgeschlossener Uruguay-Runde ins Werk gesetzt worden ist, waren eine institutionalisierte Bestätigung dieser Kritik.

Die Initiative für das Mitbestimmungsprojekt ging vom deutschen Arbeitsminister der sozial-liberalen Koalition, Walter Arndt (1925–2005), aus. Er schrieb 1973 an das für soziale Angelegenheiten zuständige Kommissionsmitglied Patrick Hillery (1923–2008) und forderte die neu ins Amt gekommene Ortoli-Kommission auf, etwas für die Mitbestimmung zu tun. Es war das Jahr, in dem Gewerkschaftsbünde aus 15 Staaten in Brüssel den Europäischen Gewerkschaftskongress (*European Trade Union Confederation*, ETUC) gründeten,[17] der sich sogleich der Regulierung Multinationaler Unternehmen zuwendete.[18] Ein Jahr darauf nahm der Ministerrat das Sozialpolitische Arbeitsprogramm an, adressierte darin allerdings lediglich sekundäre Themen wie Arbeitsbedingungen und -schutz. Das vom italienischen Industriekommissar Altiero Spinelli (1907–1986) verantwortete Programm sah keine Aktivitäten in den arbeits- und sozialpolitischen Kernbereichen wie Arbeitslosenversicherung, Rente und Gesundheit vor, auch die angemahnte Mitbestimmung blieb außen vor.[19]

---

stitutionalism, *ORDO* 34 (1983), 71 (72): „We can say […] that the international rules protect the world market against governments.“; näher dazu Slobodian, *Globalisten* (Anm. 6), 261 ff.

[17] Dølvik, *An emerging island?*, 1999.

[18] Petrini, Demanding Democracy in the Workplace: The European Trade Union Confederation and the Struggle to Regulate Multinationals, in: Kaiser/Meyer (Hgg.), *Societal Actors in European Integration*, 2013, 151 ff.

[19] Entschließung des Rates vom 21.1.1974 über ein sozialpolitisches Aktionsprogramm, ABl. 1974 Nr. C 13/1.

Weder gab die Kompetenzausstattung der Europäischen Wirtschaftsgemeinschaft dies her, noch bestand annähernd Einigkeit unter mittlerweile neun beteiligten Regierungen über entsprechende Initiativen, weshalb die Kommission von weiterreichenden Vorschlägen absah. Als erster greifbarer Erfolg für ein soziales Europa galt die 1976 beschlossene Richtlinie über Massenentlassungen.[20] Die Richtlinie vereinheitlichte die Voraussetzungen und Verfahren bei anzeigepflichtigen Entlassungen, die im Kündigungsschutzgesetz für die Bundesrepublik bereits weitgehend in Kraft waren. Zur Mitbestimmung verhielt sich auch dieser Rechtsakt nicht.

Das Thema erhielt weiteren Auftrieb 1976 durch das Inkrafttreten des mühsam zustande gekommen Mitbestimmungsgesetzes in der Bundesrepublik. Das Gesetz führte die paritätische Mitbestimmung in Kapitalgesellschaften ein und war ein vorläufiger Schlusspunkt der in verschiedenen Staaten geführten Debatte über die institutionelle Beteiligung von Arbeitnehmern an der Unternehmensleitung.[21] Das deutsche rechtsverbindliche Mitbestimmungsmodell setzte in anderen europäischen Staaten sowie auf globaler Ebene, in den Vereinten Nationen, der Organisation für wirtschaftliche Zusammenarbeit und Entwicklung (OECD) und der Internationalen Arbeitsorganisation (ILO) Impulse und weckte Erwartungen. Durchsetzen konnte es sich allerdings nicht. Es ließ sich kein Einvernehmen über völkerrechtliche Rechtsbindung erreichen,

---

[20] Richtlinie des Rates v. 17.2.1975 zur Angleichung der Rechtsvorschriften der Mitgliedstaaten über Massenentlassungen, ABl. 1975 Nr. L 48/29.

[21] Gesetz über die Mitbestimmung der Arbeitnehmer vom 4.5. 1976, BGBl. I, 1153.

bestenfalls kamen Empfehlungen zustande (*codes of conduct*). Multinationale Unternehmen waren nicht nur die Verursacher arbeits- und sozialpolitischer Probleme für Arbeitnehmer. Sie konnten sich zugleich auf Menschenrechte, auf den Eigentumsschutz berufen, der durch bilateralen Investitionsschutz durchsetzungsstark abgesichert war.[22] Selbst Frankreich und das Vereinigte Königreich entschieden sich gegen eine vergleichbare nationale Mitbestimmungsregelung.

Den Befürwortern moderner Wirtschaftsdemokratie[23] waren diese „weichen Instrumente" formloser Normativität zu wenig. Eine Organisation konnte die angestrebte rechtsverbindliche Arbeitnehmerbeteiligung noch liefern. Die Europäische Wirtschaftsgemeinschaft versprach eine zumindest regionale Regelung, sollte es gelingen, ein vergleichbares Mitbestimmungsmodell über das Sekundärrecht einzuführen.

Die Kommission unter ihrem britischen Präsidenten, dem Labour-Politiker Roy Jenkins (1920–2003), machte sich das Mitbestimmungsprojekt auf Betreiben seines federführenden Mitglieds, Henk Vredeling (1924–2007), einem niederländischen Sozialdemokraten und Gewerkschafter, zu eigen und legte 1980 einen Richtlinienvor-

---

[22] Vgl. Venzke/Günther, Völkerrechtlicher Investitionsschutz made in Germany? Zur Genese und Gestalt des ersten BIT zwischen Deutschland und Pakistan (1959), *Zeitschrift für ausländisches öffentliches Recht und Völkerrecht* 82 (2022), 73 ff.

[23] Teubner, Wirtschaftsverfassung/Wirtschaftsdemokratie: Franz Böhm und Hugo Sinzheimer jenseits des Nationalstaats, *Arbeitspapier des Fachbereichs Rechtswissenschaft der Goethe-Universität Frankfurt/M.* 2/2016; zum historischen Kontext Schmoeckel, Die Wirtschaftsdemokratie bei Fritz Naphtali: Deutsche Prägungen und U.S.-amerikanische Vorbilder?, in: Gehlen/Schorkopf (Hgg.), *Demokratie und Wirtschaft*, 2013, 87 ff.

schlag vor.[24] Nach dem Vorschlag sollten herrschende Unternehmen zu regelmäßigen Informationen über Geschäftsparameter gegenüber seinen Tochterunternehmen sowie zu deren Anhörungen vor bestimmten Entscheidungen, wie Stilllegung oder Verlegung eines Betriebs, Änderungen des Betriebszwecks oder der -organisation verpflichtet werden.

Das europäische Gesetzgebungsverfahren wurde aus politischen Gründen nicht zu Ende geführt. Die Richtlinie trat nicht in Kraft. Zunächst hatte das Europäische Parlament lautstarke Kritik geäußert.[25] Da die Kompetenzgrundlage für das Vorhaben (Artikel 100 EWG-Vertrag) die Einstimmigkeit im Rat voraussetzte, kam es auf den Standpunkt jeder mitgliedstaatlichen Regierung an. Und diese Regierungen waren über die Mitbestimmungsfrage zerstritten, zumal die USA erheblichen Druck auf das Vorhaben ausübten. Ein Artikel des Richtlinienvorschlags sollte nämlich auch amerikanische Konzernmütter direkt verpflichten, wenn es bei den abhängigen europäischen Tochterunternehmen nicht einen Verantwortlichen für die Unterrichtungs- und Anhörungspflichten gab.[26] 1985 galt die Richtlinie als politisch tot, aber erst 1998 zog die Kommission den Richtlinienvorschlag offiziell zurück. Man

[24] Vorschlag für eine Richtlinie über die Unterrichtung und Anhörung der Arbeitnehmer von Unternehmen mit komplexer, insbesondere transnationaler Struktur, COM(80)423, ABl. 1980 Nr. C 297/3.

[25] Vgl. Europäisches Parlament, Entschließung vom 14.12.1982, ABl. 1983 Nr. C 13/25.

[26] Artikel 8 des Richtlinienvorschlags (Anm. 24); zu den Reaktionen Walker, The Vredeling Proposal. Cooperation Versus Confrontation in European Labor Relations, *International Tax & Business Lawyer* 1 (1983), 177 (185 ff.). Die Kommission trug der Kritik Rechnung und änderte 1983 ihren Richtlinienvorschlag umfangreich, ABl. 1983 Nr. C 217/3.

einigte sich auf eine unverbindliche Empfehlung – wie in den globalen Foren.

Der Versuch einer „wirtschaftsfeindlichen Regulierung" war gescheitert. Aus Sicht der Kritiker des Gemeinsamen Marktes hatte sich das neoliberale Paradigma ein weiteres Mal, nun auch im Rahmen regionaler Wirtschaftsintegration durchgesetzt. Die Verrechtlichung demokratischer Teilhabe als primäre Strategie war vorerst gescheitert, auch die Einführung der neuen Binnenmarktkompetenz durch die Einheitliche Europäische Akte und die soziale Agenda der ersten Kommission unter Jacques Delors (1925–2023) in der zweiten Hälfte der 1980er Jahre veränderten das Bild nicht wesentlich. Der Dissens unter den Mitgliedstaaten trat beim Abschluss des Unionsvertrages von Maastricht offen zu Tage, als das Vereinigte Königreich einer Aufwertung der sozialpolitischen Kompetenzen der Europäischen Union widersprach.[27]

Ein Perspektivwechsel macht deutlich, dass der Dissens über die Mitbestimmung zugleich aber auch eine unternehmerfreundliche Regulierung in der Europäischen Union verhinderte. Der seit den 1950er Jahren unternommene Versuch, die Unternehmensform einer europäischen Aktiengesellschaft einzuführen, scheiterte trotz intensiver Verhandlungen und weiterreichender Rechtsetzungsvorschläge bis Ende der 1990er Jahre stets an den Mitbestimmungsmodellen: Was für deutsche Gewerkschaften ein

---

[27] Nakano, Maastricht Social Protocol Revisited: Origins of the European Industrial Relations System, *Journal of Common Market Studies* 52 (2014), 1053ff.; das Vereinigte Königreich zog sein Veto 1997 nach einem Regierungswechsel im Zusammenhang mit dem Vertrag von Amsterdam zurück, so dass das Protokoll in die supranationalen Verträge aufgenommen wurde.

Rückschritt bedeutet hätte, war für die britische Regierung bereits nicht mehr akzeptabel.[28]

Das Bild veränderte sich mit der Strategie indirekter Regulierung, die vor allem einen weit verstandenen Gesundheitsschutz im Kielwasser der Binnenmarktharmonisierung verwirklichte. Obgleich die Europäische Union nur über eine ergänzende Kompetenz im Bereich des Gesundheitsschutzes verfügte und bestimmte Gesundheitsthemen ausdrücklich den Mitgliedstaaten vorbehalten waren, hatte der Europäische Gerichtshof nichts dagegen einzuwenden, dass der Unionsgesetzgeber über die in der zweiten Hälfte der 1980er Jahre mittels der Einheitlichen Europäischen Akte eingeführte Binnenmarktkompetenz auch das Ziel des Gesundheitsschutzes mitverfolgte.[29] Dem Gesundheitsschutz könne sogar bei den zu treffenden Entscheidungen „maßgebliche Bedeutung" zukommen, wenn die Voraussetzungen der Binnenmarktkompetenz erfüllt seien.[30] Eine Arbeitnehmerbeteiligung an den Entscheidungen Multinationaler Unternehmen kam gleichwohl auch auf diesem Weg einer extensiven, gerichtlich mitgetragenen Kompetenzpraxis nicht zustande. Immerhin verständigten die Regierungsvertreter sich zu Beginn der

---

[28] Einen komprimierten Überblick mit Nachweisen der Entwürfe gibt Lutter, Europäische Aktiengesellschaft – Rechtsfigur mit Zukunft?, *Betriebs-Berater* 57 (2002), 1 ff. m. w. N.

[29] Zum Binnenmarktprojekt Patel/Röhl, *Transformation durch Recht*, 2020, 39 ff.

[30] EuGH, Rs. C-358/14, Urt. vom 4.5.2016, ECLI:EU:C:2016:323, Rn. 34 – Polen/EP und Rat; vgl. Nettesheim, Die Tabak-Urteile des EuGH: Lifestyle-Regulierung im Binnenmarkt, *Europäische Zeitschrift für Wirtschaftsrecht* 27 (2016), 578 (580); Delhomme, Between Market Integration and Public Health: The Paradoxical EU Competence to Regulate Tobacco Consumption, *College of Europe Research Papers in Law* 1/2018.

2000er Jahre in der Europäischen Union auf eine Einigung über die Einführung der europäischen Aktiengesellschaft (*societas europaea*, SE). Die komplexe Einigung, an der das Europäische Parlament noch außen vor blieb, gelang jedoch erst, nachdem die gesellschaftsrechtlichen Fragen von der Mitbestimmung getrennt und bei letzterer größere Konkretisierungsspielräume der Mitgliedstaaten akzeptiert worden waren.[31] Die spätere Praxis hat die Befürchtung bestätigt, dass das neue europäische Konstrukt eine Möglichkeit eröffnen könnte, Unternehmen der deutschen Mitbestimmung zu entziehen.[32]

III. Ambivalenzen der Demokratisierung

Das bis zum Ende des hier gewählten Betrachtungszeitraums erfolglose Vorhaben, eine Unternehmensmitbestimmung im organisierten Europa einzuführen, lässt sich auch als ein Misserfolg für die Demokratie in der Europäischen Union deuten. Gemeint ist in diesem Zusammenhang ein partizipativer Demokratiebegriff, der darauf ausgerichtet ist, möglichst viele Bürger in jedwede Entscheidungsprozesse, gerade auch außerhalb öffentlicher Angelegenhei-

---

[31] Juristisch macht sich dieser Kompromiss in der Existenz von zwei Rechtsakten fest: Zum einen Verordnung (EG) Nr. 2157/2001 des Rates über das Statut der Europäischen Gesellschaft (SE), ABl. 2001 Nr. L 294/1; zum anderen Richtlinie 2001/86/EG des Rates zur Ergänzung des Statuts der Europäischen Gesellschaft hinsichtlich der Beteiligung der Arbeitnehmer, ABl. 2001 Nr. L 294/22.

[32] Aus gewerkschaftsnaher Sicht Gieseke/Misterek/Sick, *20 Jahre Europäische Aktiengesellschaft. 4 von 5 großen SE vermeiden paritätische Mitbestimmung*, 17.11.2021, https://www.mitbestimmung.de/html/4-von-5-grossen-se-vermeiden-19608.html (27.10.2024).

ten, sei es durch harte Rechte auf Mitentscheidung, sei es durch weichere Formen prozeduralisierter Kommunikation einzubeziehen.[33] Die Erfahrungen mit dem Mitbestimmungsdossier, das betroffenen Arbeitnehmern eine Stimme bei Leitungsentscheidungen in „ihren" Unternehmen geben wollte, stehen einerseits quer zu den strukturellen Veränderungen, die in der Europäische Union in der ersten Hälfte der 1970er Jahre in Sachen „Demokratie" angestoßen wurden und fügen sich andererseits in die verfassungshistorische Demokratiebilanz europäischer Integration ein.

Die europäische Integration war zu Beginn ein in sich demokratieferner Prozess. Die Mitgliedstaaten waren Demokratien, hatten die Gründungsverträge ratifiziert und vermittelten über ihre Regierungsvertreter und Parlamente demokratische Legitimation für die supranationalen, in den Verträgen angelegten politischen Aktivitäten. Mit den neugegründeten Gemeinschaften sollten gleichwohl Probleme der Nachkriegszeit angegangen und effektiv gelöst werden. Dieses Ziel wurde aus einer parlamentarismuskritischen Prägung der beteiligten Kreise heraus angestrebt. Parlamentarische Demokratien seien wegen ihres institutionalisierten Interessenpluralismus und der Kompromissneigung nicht in der Lage, so der Standpunkt, die Probleme der Massengesellschaft rasch und sachlich angemessen zu lösen. Dahinter standen nicht nur die zwiespältigen Erfahrungen mit dem Parlamentarismus in der Zwischenkriegs- und der unmittelbaren Nachkriegszeit,

---

[33] Dahl, *Polyarchy*, 1972; Schmitt Glaeser, Partizipation an Verwaltungsentscheidungen, *VVDStRL* 31 (1973), 179ff.; exemplarisch aus Gegenwartsperspektive Nanz/Fritsche, *Handbuch Bürgerbeteiligung*, 2012.

sondern für manche Vertreter der beteiligten Zirkel auch die Überzeugung, gesellschaftliche Interessen nicht parlamentarisch, sondern über ein korporatistisches Modell des „Dritten Wegs“ zwischen Kapitalismus und Sozialismus abzubilden. Der Demokratiebegriff der 1950er und 60er Jahre war noch nicht in der heute gewohnten Weise auf den Typus einer repräsentativen – parlamentarischen oder präsidentiellen – Demokratie codiert.[34]

Ein Umdenken lässt sich mit einem Bericht markieren, den die Staats- und Regierungschefs der Mitgliedstaaten bei einer Gruppe externer Fachleute in Auftrag gaben, um den institutionellen Reformbedarf der Gemeinschaften fassbar zu machen. Der nach seinem Vorsitzenden, dem französischen Rechtsprofessor Georges Vedel (1910–2002), benannte Bericht von 1972 war eine scharfsichtige, analytische Bilanz des institutionellen Rahmens der Europäischen Union. Er enthielt zahlreiche Reformvorschläge, ist für die hier interessierende Frage jedoch in erster Linie von Bedeutung, weil er eine Dialektik von Demokratie und Leistungsfähigkeit benannte. Der Berichte wartete mit der These auf, dass die Europäische Union an einem demokratischen Defizit leide und sich dieses auf die Integrationsergebnisse negativ auswirke. Stattdessen solle, so der Bericht weiter, das Leitbild der klassisch parlamentarischen Demokratie gelten. Das bedeutete:

> [A]lle Gewalt geht von den Staatsbürgern aus; sie besitzen Rechte und Freiheiten, die gegenüber der organisierten Gesellschaft geltend gemacht werden können; die Träger der Gewalt werden durch echte und aussagekräftige Wahlen bestimmt, politische Parteien können frei gebildet werden; das Recht auf

[34] Zu diesem Gedanken näher Schorkopf, Abendland, *Frankfurter Allgemeine Zeitung* Nr. 121 v. 27.5.2024, 6.

Opposition ist ein Grundelement des politischen und sozialen Lebens; Status und Rolle des Parlaments im Verhältnis zur Exekutive sind wesentlicher Bestandteil der Demokratie; dem Parlament kommen bei der Rechtssetzung die höchsten Befugnisse zu; es übt in der einen oder anderen Form eine Kontrolle über die Regierung aus.[35]

Mit diesem staatsanalogen Demokratieleitbild lenkten die Mitglieder der Beratergruppe, nahezu alle Juristen, die Aufmerksamkeit auf diejenigen Politiker, Beamten und Wissenschaftler, die von Integrationsbeginn an für eine Vollparlamentarisierung eingetreten waren, die sich mit dieser Konzeption jedoch nicht durchgesetzt hatten. Nunmehr waren die Akzeptanz der europäischen Einigung und das Überwinden einer wirtschaftlichen und gesellschaftlichen Krise in den Mittelpunkt gerückt. Der bereits zitierte Tindemans-Bericht an den Europäischen Rat gab die Tonlage vor – die Europäische Union sollte besser demokratisch legitimiert werden.[36]

Tatsächlich setzten diese strategisch-politischen Impulse eine Entwicklung in Gang, die sich als Demokratisierung der Europäischen Union beschreiben lässt. Allen voran ist die Einigung 1976 auf den Direktwahlakt zu nennen, mit dem die Mitgliedstaaten eine Rechtsgrundlage für die unmittelbare Wahl der Abgeordneten des Europäischen Parlaments schufen. Das Parlament konnte aufgrund seiner Wahl nunmehr beanspruchen, die europäische Hoheitsgewalt neben den nationalen Regierungsvertretern im Rat zu legitimieren. Die direkte Wahl der Abgeordneten, auch

---

[35] Bericht der Ad-hoc-Gruppe für die Prüfung der Frage einer Erweiterung der Befugnisse des Europäischen Parlaments („Bericht Vedel") v. 25.3.1972, Bull.EWG 1972, Beilage Nr. 4, 7 (11).

[36] In den voranstehenden drei Absätzen folge ich, auch wörtlich, Schorkopf, *Die unentschiedene Macht* (Anm. 13), 154 f.

ohne gemeinsames Wahlsystem und mit nationalen Sitzkontingenten, knüpfte an die vertraute Formensprache nationale parlamentarischer Demokratien an und unterlegte den Anspruch auf einen genuinen europäischen Parlamentarismus.

Nun ging es darum, die fortbestehenden Mängel demokratischer Legitimation zu beseitigen, das heißt stetig weitere Parlamentarisierungsschritte zu fordern. Im Zentrum stand die Beteiligung an der Rechtsetzung, denn die Direktwahl hatte einstweilen nichts an den spärlichen formalen Kompetenzen des Parlaments in der Machtarchitektur der Europäischen Union geändert. Dazu konnte sich das Parlament auf die Erfolgsgeschichte des Konstitutionalismus seit dem späten 18. Jahrhundert als vertraute historische Parallele berufen. Seinerzeit hatten die noch neuen nationalen Parlamenten den Monarchien, ihren Kabinettsregierungen und Verwaltungen Stück für Stück Beteiligungsrechte abgetrotzt. Bekanntermaßen war das Europäische Parlament bei diesem Ringen sehr erfolgreich. Mit dem *benefit of hindsight* sehen wir heute in den Ereignissen der 1970er Jahre die entscheidende Weichenstellung für den Aufstieg des Europäischen Parlaments hin zum nahezu gleichberechtigten Gesetzgebungsorgan neben dem Rat und zur Vetomacht in Grundsatzfragen. Die Parlamentarisierung veränderte auch die innereuropäische Mechanik für die Mitgestaltung der Globalisierung, wie das in den 1990er Jahren eingeführte und sukzessive ausgeweitete Zustimmungsrecht zu internationalen Handelsabkommen zeigt.[37] Die Europäische Union war in diesem Politikfeld bereits seit den 1970er Jahren zu einem

[37] Hodson/Maher, *The Transformation of EU Treaty Making*, 2018, 87 ff.

gewichtigen Akteur geworden. Nun musste der Ministerrat sich nicht mehr nur mit der Kommission, sondern auch mit dem Parlament auseinandersetzen.

Doch diese, wie es auf den ersten Blick wirkt, nachholende Entwicklung, hatte einen nur noch geringen utopischen Überschuss. Bereits die Einigung auf den Direktwahlakt war verknüpft mit der föderativ begründeten Unwucht einer ungleichen Wahl. Es gab und gibt keine gleiche politische Freiheit der Unionsbürger. Das Prinzip der degressiven Proportionalität verringert den Erfolgswert von Wählerstimmen spiegelbildlich zur Größe eines Mitgliedstaates und umgekehrt. Mehr noch, die Parlamentsbeteiligung an der EU-Willensbildung erreichte erst mit dem Inkrafttreten des Vertrages von Lissabon 2009 ein im Vergleich zum Ministerrat substanzielles Niveau – das Mitbestimmungsdossier zeigt das exemplarisch. Beide Rechtsakte kamen Anfang der 2000er Jahre noch ohne parlamentarische Mitwirkung zustande;[38] Kommission und Rat entschieden sich sogar bewusst für eine Rechtsgrundlage, die für das gestaltungsehrgeizige Parlament lediglich eine Anhörung vorsah. Und schließlich muss aus demokratietheoretischer Perspektive der Verlust von Selbstbestimmung auf nationaler Ebene „gegengerechnet" werden. Für die Bürger war der national schwindende Einfluss nicht komplementär mit dem Zuwachs an europäischer Mitwirkung.

Die Demokratisierung blieb ambivalent. Diese Ambivalenz in Bezug auf die Frage, welche demokratische Substanz die europäische Parlamentarisierung hatte, brachte die Erklärung des Europäischen Rates von Kopenhagen schon im April 1978 zum Ausdruck. Das Gremium er-

[38] Siehe Anm. 31.

klärte die bevorstehende erste Direktwahl zu einer „herausragenden Demonstration des allen Mitgliedstaaten gemeinsamen demokratischen Ideals“ und die Achtung und Aufrechterhaltung der parlamentarischen Demokratie zum wesentlichen Element der Zugehörigkeit zur Europäischen Union. Was die Erklärung nicht enthielt, war eine positive Aussage über die konkrete Gestalt der parlamentarischen Demokratie in der Europäischen Union, wie sie der Vedel-Bericht unternommen hatte: „von unten“ ausgehende Hoheitsgewalt, Wahlen bestimmen die Träger dieser Gewalt, Dualismus von Regierung und Opposition, parlamentarische Kontrolle der Regierung und politische Parteien. Mehr noch, die zweite Hälfte der 1980er Jahre bewirkte mit der Einführung unabhängiger Verwaltungsagenturen ein Erstarken des exekutivischen Repräsentationsmodells, das sich auch gegen parlamentarischen Einfluss, jedenfalls gegen die Volatilität des Politischen abzuschirmen suchte.[39] Letztendlich erkannten die Mitgliedstaaten mit den weiteren institutionellen Reformen in den 2000er Jahren den fortbestehenden „Demokratisierungbedarf“ an, indem sie nun verstärkt auf partizipative Elemente als Ergänzung des bisherigen Modells eines staatsanalogen – im Ergebnis aber unvollständigen – Nachvollzugs elektoraler Demokratie setzten. Die Unionsbürger haben seitdem einen Strauß an Rechten auf Beteiligung erhalten (Artikel 10 und 11 EU-Vertrag), darunter eine europäische Bürgerinitiative, die die Respon-

---

[39] Vauchez, Die Regierung der „Unabhängigen“. Überlegungen zur Demokratisierung der EU, in: Rüttgers/Decker (Hgg.), *Europas Ende, Europas Anfang*, 2017, 181ff.; skeptisch zur Kritik Groß, Unabhängige EU-Agenturen – eine Gefahr für die Demokratie?, *JuristenZeitung* 67 (2012), 1087ff.

sivität des institutionellen Rahmens gegenüber politischen Strömungen praktisch verbessern soll.[40]

IV. Überblick der weiteren Beiträge

Die Exploration in den vorherigen Abschnitten ist als Klammer für die Beiträge in diesem Band zu verstehen. Die Beiträge nehmen notgedrungen einen Ausschnitt aus dem nahezu unüberschaubaren Portfolio der Globalisierungsdebatte heraus. Im Folgenden liegt die Aufmerksamkeit nicht auf der Entdeckung der Finanzmärkte, dem Strukturwandel, den Auswirkungen der Globalisierung auf Bildung, Arbeit und Soziales[41] oder auf der Entwicklungskooperation, um besonders exponierte Themen herauszugreifen. Die Beiträge folgen anderen, jedoch nicht zufällig gewählten Kriterien. Sie sind an der interdisziplinären Matrix des Arbeitskreises Recht und Zeitgeschichte ausgerichtet, der nicht nur Historiker und Juristen zusammenbringt, sondern in den jeweiligen Disziplinen auch die Teilfächer, wie etwa aus der Rechtswissenschaft das Zivilrecht und das Öffentliche Recht, berücksichtigt. Der Arbeitskreis hat sich bei der Auswahl der Einzelthemen und der inhaltlichen Debatte an folgenden drei Leitfragen orientiert:

[40] Artikel 11 Absatz 3 EU-Vertrag i.V.m. Verordnung (EU) Nr. 2019/788 des Europäischen Parlaments und des Rates über die Europäische Bürgerinitiative, ABl. 2019 Nr. l 130/55; einen Praxiseindruck vermittelt https://citizens-initiative.europa.eu/_de (30.10.2024).

[41] Eckel, Politik der Globalisierung, *Vierteljahrshefte für Zeitgeschichte* 68 (2020), 451 (459 ff.).

- Sind die individuellen und institutionellen Akteure in den Mitgliedstaaten und in der Europäischen Union sich ihrer gestalterischen Rolle in der Globalisierung bewusst oder reagieren sie lediglich auf wahrgenommene Globalisierungsfolgen („Logik des Sachzwangs“)?
- Wird die Einbindung der politischen Gemeinschaft in überstaatliche Zusammenhänge als positive Bestätigung oder als negative Begrenzung von Demokratie (Legitimation, Partizipation, Selbstverwaltung) gesehen?
- Welche Bedeutung wird Recht im Globalisierungsdiskurs und Handeln im Kontext der Globalisierung zugeschrieben?

Im zweiten Kapitel stehen zunächst Unternehmen im Mittelpunkt des Interesses. *Jan-Otmar Hesse* befasst sich in seinem wirtschaftshistorischen Beitrag mit dem Wandel der Weltwirtschaft und dem Aufstieg Multinationaler Unternehmen.[42] Er beginnt mit dem Zusammenbruch des Systems fester Wechselkurse und der ersten Ölkrise 1973. Dieser *Shock of the global*,[43] der die keynesianische Steuerungsgewissheit erschütterte und einen Ordnungsverlust bewirkte, veränderte die deutschen Außenwirtschaftsbeziehungen grundlegend. Das Währungssystem mit dem US-Dollar als Ankerwährung hatte die D-Mark vor unkalkulierbaren Aufwertungen geschützt und einen stabilen Rahmen für den grenzüberschreitenden Handel gegeben. Der Ölpreis gilt als Kennzahl für die weltwirtschaftliche Aktivität und ist im Betrachtungszeitraum 1970 bis 2000 zugleich, ähnlich einer Fieberkurve, die Schlüsselressource der Volkswirtschaften für die Energiegewinnung

[42] In diesem Band S. 31.
[43] Ferguson u. a. (Hgg.), *The Shock of the Global*, 2010.

und Ausgangsstoff für die chemische Industrie. Zeitgleich begann der Aufstieg der Finanzindustrie und nahm die wirtschaftliche Bedeutung Multinationaler Unternehmen zu, was sogleich zeitgenössische Debatten über das Kapitaleigentum an Unternehmensbeteiligungen, Besteuerung und Wirtschaftsmacht, besonders im Kontext der wirtschaftlichen Kooperation mit Entwicklungsländern auslöste. *Hesse* nimmt dabei auch die überstaatlichen Aktivitäten in der OECD auf, die 1976 ein Expertengremium zur möglichen – rechtlich unverbindlichen – Regulierung exterritorialer Aktivitäten Multinationaler Unternehmen einsetzte.[44]

Jan Thiessen liefert dazu aus rechtshistorischer Perspektive den juristischen Komplementärbeitrag zu Rechtsformen unternehmerischen Handelns im Standortwettbewerb.[45] Er knüpft an das Deregulierungsparadigma an und bezieht es auf die deutsche Unternehmenswelt mit ihrem einstigen, sprichwörtlichen Leitbild der „Deutschland AG". Deren Dekonstruktion beruhte auf der Erkenntnis des deutschen Gesetzgebers, dass die Bundesrepublik für ausländische Investitionen nur attraktiv sein würde, wenn der Bund seinen gesellschafts- und steuerrechtlichen Regulierungsanspruch zurücknähme und sich an die neuen Rahmenbedingungen anpasste. Für ausländisches Kapital war nämlich nur der Rechtsraum attraktiv, in dem sich Multinationale Unternehmen mit einer formal selbständigen Tochtergesellschaft oder einem un-

[44] OECD, *Declaration by the Governments of the OECD Member Countries on Guidelines for Multinational Enterprises*, 1976; dazu van 't Foort, The History of National Contact Points and the OECD Guidelines for Multinational Enterprises, *Rechtsgeschichte – Legal History* 25 (2017), 195 ff.

[45] In diesem Band, S. 77.

selbständigen ausländischen Unternehmensträger niederlassen. Sind die rechtlichen Rahmenbedingungen in einem Staat dem Multinationalen Unternehmen nicht vertraut, bevorzugt es eine ihm nähere Rechtsordnung eines anderen Staates. Solange es sich um einen Mitgliedstaat der Europäischen Union handelt, garantiert die unionsrechtlich garantierte Freizügigkeit im Binnenmarkt die grenzüberschreitende Aktivität losgelöst vom Sitz der Tochtergesellschaft oder der Niederlassung.

Eine Chiffre für diesen Prozess war seit den 1990er Jahren der „Wettbewerb der Rechtsordnungen".[46] Nationale Rechtshindernisse, die einer juristischen Anerkennung EU-ausländischer Unternehmensrechtsformen noch entgegenstanden, wurden in zahlreichen Fällen durch die Rechtsprechung des Europäischen Gerichtshofs beseitigt. Dazu geht der Beitrag auf die in dieser Hinsicht transformative Rechtssachentrias Centros, Überseering und Inspire Art ein, in denen unter anderem der Vorwurf im Raum stand, die Gesellschaften missbrauchten im „falschen Rechtskleid" das ausländische Recht und die europäische Niederlassungsfreiheit für wirtschaftliche Aktivität in Deutschland. Der Europäische Gerichtshof entschied stattdessen, dass die Unternehmen sich in anderen EU-Mitgliedstaaten als dem Gründungstaat in ihrer ursprünglichen Rechtsform niederlassen könnten. Im Ergebnis konnte so etwa ein Unternehmer mit einer britischen Gesellschaft mit beschränkter Haftung („Limited", Ltd.) auch in anderen Mitgliedstaaten tätig sein, ohne sich

[46] Nicolaides, Competition Among Rules, *World Competition* 16 (1992), 113 ff.; Ogus, Competition Between National Legal Systems, *International & Comparative Law Quarterly* 48 (1999), 405 ff.; Peters, Wettbewerb der Rechtsordnungen, *VVDStRL* 69 (2010), 7 ff.

an das jeweilige Gesellschaftsrecht anpassen zu müssen. Mehr noch, eine Limited konnte im Vereinigten Königreich mit dem alleinigen Zweck gegründet werden, mit ihrer Niederlassung oder ihrem Verwaltungssitz nur in Deutschland tätig zu werden. Die gestalterische Antwort darauf war einerseits die Anpassung des deutschen Gesellschaftsrechts, mit dem Ziel, dessen Unternehmensformen wettbewerbsfähig zu halten, sowie andererseits verstärkte Bemühungen, europaweit einheitliche Unternehmensrechtsformen in der Europäischen Union zu vereinbaren.[47]

Das dritte Kapitel ist auf die Europäische Union als Gestaltungskraft der Globalisierung fokussiert. *Kiran Klaus Patel* widmet sich mit seinem europahistorischen Zugang der Rolle der Europäischen Union als Gestalterin des Warenhandels seit den 1970er Jahren.[48] Er nimmt dabei die Außenbeziehungen in den Blick, das heißt konkret das Wechselverhältnis der Europäischen Gemeinschaft zum GATT. Die Gemeinschaft hatte von den Mitgliedstaaten die ausschließliche Kompetenz für die Gemeinsame Handelspolitik erhalten und rückte dadurch funktionell an die Stelle ihrer Mitgliedstaaten, die zugleich GATT-Vertragsparteien waren.[49] Was zunächst ein Phänomen der institutionellen Parallelität war – die Vertreter der Europäischen Kommission saßen neben den Vertretern der nationalen Handels- und Wirtschaftsministerien –, entwickelte

---

[47] Hommelhoff, Europäisierung und Internationalisierung des Unternehmens- und Unternehmensrechts in Deutschland, in: Müller-Graff/Roth (Hgg.), *Recht und Rechtswissenschaft*, 2000, 133 ff.; Überblick zu den Rechtsformen bei Habersack/Verse, *Europäisches Gesellschaftsrecht*, 2019, 497 ff.

[48] In diesem Band S. 101.

[49] Hilf/Petersmann (Hgg.), *GATT und Europäische Gemeinschaft*, 1986; Hilpold, *Die EU im GATT/WTO-System*, 2019.

sich über die Jahrzehnte zu einer exklusiven Alleinvertretung der Europäischen Union und der Mitgliedstaaten allein durch die Kommission. Die Union musste sich also sowohl nach innen als auch nach außen behaupten, wenn auch mit unterschiedlichen Rationalitäten. Bereits in den 1970er Jahren, im Rahmen der Tokio-Handelsrunde (1973–1979) ließ das selbstbewusste Auftreten der Kommission den Willen erkennen, die Gemeinschaft als wichtige globale Akteurin zu positionieren. Diese handelspolitische Außendimension der europäischen Integration wurde noch in den 1980er Jahren trotz der breiten Debatten über die Vollendung des Binnenmarktes[50] allgemein wenig beachtet und erhielt erst im Rahmen der Uruguay-Handelsrunde (1986–1994) entsprechende Aufmerksamkeit. Konflikte zwischen den globalen Handelspartnern und den Mitgliedstaaten untereinander, wie über die Bedeutung audiovisueller Mediendienstleistungen als kultursensible Handelsgüter, lenkten das öffentliche Interesse auf vermeintliche technische Fragen der Handelsliberalisierung – der spätere, ausgreifende Protest gegen europäische Freihandelsverträge mit Nordamerika in den 2010er Jahren hatte dort seine Premiere.[51]

Im zweiten Teil seines Beitrags wendet sich *Patel* der Globalisierungsgestaltung durch „regulatorischen Transfer“ zu, das heißt der asymmetrischen Einflussnahme auf Drittstaaten und Unternehmen außerhalb formalisierter

---

[50] Patel/Röhl, *Transformation durch Recht* (Anm. 29), 39 ff.

[51] Petersmann, Democratic Legitimacy of the CETA and TTIP Agreements?, in: Rensmann (Hg.), *Mega-Regional Trade-Agreements*, 2017, 37 ff.; Puntscher Riekmann, The Struggle for and against Globalization: International Trade Agreements and the Democratic Question, in: Griller/Obwexer/Vranes (Hgg.), *Mega-regional Trade-Agreements*, 2017, 286 ff.

Institutionen durch Anreize, Praktiken und harte normative Standards, mit der die Europäische Union auch versucht, ein regulatorisches Vakuum zu füllen. Er bezieht sich damit auf die Argumentation der finnisch-amerikanischen Juristin *Anu Bradford*, die den Begriff des „Brussels Effect" eingeführt hat.[52] Dieser *Brussels Effect*, der sich allerdings erst seit Ende der 2000er Jahre voll entfaltet hat, ist Anlass für *Patel*, nach den strukturellen Gründen zu fragen, warum sich Akteursgruppen weltweit auf europäische Regulierung einlassen und wie dieser Befund eingeordnet werden kann. Es wird deutlich, dass die herkömmliche robuste Kritik, die Globalisierung bewirke eine Abwärtsspirale, nicht differenziert genug ist. Auch wenn über das absolute Niveau europäischer Regulierung gestritten werden könne, stehe die Europäische Union für „Aufwärtsregulierung" – deren Deutung dann wiederum polarisiere. In dieser Regulierung manifestiere sich aber zugleich, wenn auch noch überwiegend unerforscht, die Integrationsteleologie der „ever closer Union", die einem europäischen Universalismus gleich, nach außen gewendet werde. Zudem sei Ungleichmäßigkeit europäischer Regulierung, die sich etwa im Vergleich von Industriewaren und Agrargütern, Dienstleistungen und Finanzen zeige, als dämpfender Faktor noch zu wenig berücksichtigt. Am Ende schlägt *Patel* den Bogen zur demokratischen Legitimation des technokratisch-juristischen Ansatzes zur Globalisierungsgestaltung im Rahmen der Europäischen Union. Er diagnostiziert einen Vertrauensverlust für den hier gesetzten Betrachtungszeitraum, der als „neoliberal"

[52] Bradford, *The Brussels Effect* (Anm. 8).

zu einfach beschrieben sei, und geht dabei auf die negativen Folgen des *Brussels Effects* für demokratische Kontrolle in Drittstaaten ein.

„Sovereignty at Bay“

Der Wandel der Weltwirtschaft und der Aufstieg Multinationaler Unternehmen

Jan-Otmar Hesse

I. Ein „shock of the global“ in der Bundesrepublik?

Ohne Zweifel stellen die 1970er Jahre einen Wendepunkt in der deutschen Nachkriegsgeschichte dar. Jedenfalls mit Blick auf die Wirtschaft ist das immer wieder konstatiert worden, wobei der Währungsschock nach dem endgültigen Zusammenbruch des Systems fester Wechselkurse und der „Ölpreisschock“ nach dem Jom-Kippur-Krieg als die wichtigsten Ereignisse ausgemacht wurden. Der „Nachkriegsboom“, der schon in den 1960er Jahren einige Beulen bekommen hatte, war nach den Krisen des Jahres 1973 für alle sichtbar beendet: Die 1970er Jahre wiesen deutlich niedrigere Wachstumsraten des Bruttoinlandsproduktes auf, als die beiden Nachkriegsdekaden. Zwar waren die Wachstumsraten im Vergleich mit anderen europäischen Ländern und vor allem mit unserer eigenen Gegenwart mit 4–5 % noch immer erfreulich hoch. Zeitgenössisch aber herrschte eine Krisenstimmung vor, die auch die historiographischen Interpretationen erfasste. Von einem „abklingenden“ oder „verwelkendem Wirtschaftswunder“ – so mögliche Übersetzungen des bekannten Buchtitels[1] – war und ist die Rede.

Für Herbert Giersch hatte die nachlassende wirtschaftliche Dynamik in der Bundesrepublik klare binnenwirtschaftliche Gründe. Die liberale Wirtschaftspolitik der Nachkriegszeit sei nicht konsequent fortgesetzt worden. Die von Karl Schiller begonnene keynesianische Steuerung habe zu Staatsverschuldung, niedrigen Investitionsquoten und hohen Lohnzuwächsen geführt, die der industriellen Produktivitätsentwicklung weit enteilten. Werner Abelshauser – politisch in anderem Fahrwasser – konzentrierte sich in seiner Analyse ebenfalls allein auf binnenwirtschaftliche Ursachen, als er in den 1980er Jahren die Nachkriegszeit als eine „Rekonstruktionsperiode" interpretierte, in der die hohen Wachstumsraten nach dem Erreichen des langfristigen Trends zwangsläufig wieder verschwinden müssten.[2] Höchstens mit Blick auf das deutsche „Wirtschaftswunder" der 1950er Jahre wurden von der wirtschaftshistorischen Forschung auch internationale Aspekte untersucht, beispielsweise in den Arbeiten von Ludgar Lindlar, Helge Berger und Albrecht Ritschl.[3]

Die 1970er Jahre überließ die Forschung dagegen erstaunlich lange Sozialwissenschaftlern und Journalisten,

---

[1] Giersch/Paqué/Schmieding, *The Fading Miracle*, 1994.

[2] Abelshauser, *Wirtschaftsgeschichte der Bundesrepublik Deutschland 1945–1980*, 1983; ders., Umbruch und Persistenz: Das deutsche Produktionsregime in historischer Perspektive, *Geschichte und Gesellschaft* 27 (2001), 503–523; Abelshauser, *Deutsche Wirtschaftsgeschichte seit 1945*, 2004.

[3] Lindlar, *Das missverstandene Wirtschaftswunder*, 1997; Berger/Ritschl, Die Rekonstruktion der Arbeitsteilung in Europa. Eine neue Sicht des Marshallplans in Deutschland 1947–1951, *Vierteljahrshefte für Zeitgeschichte* 43 (1995), 473–519.

was die Bewertung als ein Krisenjahrzehnt weiter verfestigte.[4]

Erst nach der Jahrtausendwende erlebte die Wirtschafts- und Sozialgeschichte Westdeutschlands „nach dem Boom“ eine Forschungskonjunktur. Ausschlaggebend hierfür war das von Anselm Doering-Manteuffel und Lutz Raphael unter diesem Titel skizzierte gesellschaftsgeschichtliche Forschungsprogramm, das eine historiographische Goldgräberstimmung auslöste,[5] sowie die Bücher von Andreas Rödder, Alexander Nützenadel und Tim Schanetzky über die Wirtschaftspolitik der 1970er und 1980er Jahre.[6] Aus dieser Konjunktur beziehen wir bis heute das Wissen zur Wirtschafts- und Sozialgeschichte der späten Bundesrepublik. Allerdings setzte sich dabei insgeheim wiederum eine nationalstaatliche Perspektive durch, die die globale Einbettung der deutschen Wirtschaftsgeschichte zwar nicht mehr ignorierte, sie aber als einen externen „Schock des Globalen“ interpretierte, so der Titel des von dem amerikanischen Wirtschaftshistoriker Neill Ferguson 2010 publizierten Sammelbands, der sich allerdings nur am Rande mit Deutschland beschäftigt. Der Bundesrepublik sei durch die Auflösung des Systems fester Wechsel-

[4] Scherf, *Enttäuschte Hoffnungen – vergebene Chancen*, 1986; Weimer, *Deutsche Wirtschaftsgeschichte*, 1998. Exzellent dagegen, aber auch mit der „Krisenperspektive“ der Zeit verfaßt: Scharpf, *Sozialdemokratische Krisenpolitik in Europa*, 1987.

[5] Doering-Manteuffel, Nach dem Boom. Brüche und Kontinuitäten der Industriemoderne seit 1970, *Vierteljahrshefte für Zeitgeschichte* 55 (2007), 559–581; Doering-Manteuffel/Raphael, *Nach dem Boom*, 2012.

[6] Rödder, *Die Bundesrepublik Deutschland 1969–1990*, 2004. Nützenadel, *Stunde der Ökonomen*, 2005; Schanetzky, *Die große Ernüchterung*, 2007.

kurse und die Ölpreiskrise „die Käseglocke weggezogen worden" und es seien hierdurch „Scheinblüten" freigelegt worden, so die noch immer einflussreiche Interpretation Werner Plumpes.[7]

Solche Interpretationen waren aber letztlich einer anglo-amerikanisch dominierten Literatur über das Bretton Woods-System und dessen „Zusammenbruch" sowie der Ölpreiskrise auf den Leim gegangen, die die Transformation der weltwirtschaftlichen Ordnung in den 1970er Jahren als ein in Washington und New York aufgeführtes Drama inszeniert hatten. Barry Eichengreen und Michael Bordo befassten sich kaum mit der Rolle Europas oder gar der Bundesrepublik beim Zerfall des Bretton Woods-Systems, ebenso wenig wie Erik Helleiner.[8] Insofern erschien es lange Zeit so, als ob die Bundesrepublik diesem „Schock" des Weltfinanzsystems mehr oder weniger hilflos ausgeliefert gewesen sei, genauso wie später den „Ölpreisschocks".

Tatsächlich haben deutsche Wirtschafts- und Außenpolitiker die Transformation der Weltwirtschaft aber mitgestaltet. Dieser Befund tritt in jüngeren Interpretationen immer deutlicher hervor. In seiner akribischen Studie konnte William G. Gray herausarbeiten, dass die Bundes-

---

[7] Plumpe, „Ölkrise" und wirtschaftlicher Strukturwandel. Die bundesdeutsche Wirtschaft im Zeichen von Normalisierung und Globalisierung während der 1970er Jahre, in: Gallus/Schildt/Siegfried (Hgg.), *Deutsche Zeitgeschichte – transnational*, Bd. 53, 2015, 101–123.

[8] Die beiden folgenden Publikationen hatten lange Zeit regelrecht kanonische Bedeutung in der Literatur: Bordo/Eichengreen (Hgg.), *A Retrospective on the Bretton Woods System*, 1993; Eichengreen, *Globalizing Capital*, 1996. Die Rolle Deutschlands wird etwas stärker betont von: James, *International Monetary Cooperation since Bretton Woods*, 1996.

republik insbesondere durch ihr währungspolitisches Gewicht schon im Verlauf der 1960er Jahre zu einer globalen „Handelsmacht" herangewachsen war und bei der Transformation des Weltwährungssystems von Beginn an tatkräftig mitwirkte.[9] Die Einbindung in die Europäische Gemeinschaft verwässerte nicht etwa die Gestaltungsmöglichkeiten des Landes in der Weltwirtschaftsordnung, sondern verschaffte der Bundesrepublik zusätzlichen Einfluss, wie Kiran Klaus Patel beschreibt.[10] Das komplizierte Feld der Währungs- und Zentralbankpolitik ist durch eine rege internationale Forschung mittlerweile hinreichend erschlossen, so dass auch dort die deutsche Handschrift im Globalisierungsprozess erkennbar wird.[11] Das gilt sowohl für die deutsche Politik, als auch die deutschen Banken, wie Matthias Kemmerer gezeigt hat.[12] Und auch in der Außenhandelspolitik ist meines Erachtens deutlich

---

[9] Gray, *Trading Power*, 2023. Die Studie geht zum Teil auf ältere, bereits seit 2006 publizierte einschlägige Aufsätze zurück.

[10] Siehe *Patels* Beitrag in diesem Sammelband sowie Patel, *Projekt Europa*, 2018.

[11] Mourlon-Druol, *A Europe Made of Money*, 2012; Mourlon-Druol/Romero (Hgg.), *International Summitry and Global Governance*, 2014; Germann, State-Led or Capital-Driven? The Fall of Bretton Woods and the German Currency Float Reconsidered, *New Political Economy* 19 (2014), 769–789; Rischbieter, Risiken und Nebenwirkungen: Internationale Finanzstrategien in der Verschuldungskrise der 1980er Jahre, *Geschichte und Gesellschaft* 41 (2015), 465–493; Bordo/Monnet/Naef, The Gold Pool (1961–1968) and the Fall of the Bretton Woods System: Lessons for Central Bank Cooperation, *The Journal of Economic History* 79 (2019), 1027–1059; Krauss, *Geldpolitik im Umbruch*, 2021; Germann, *Unwitting Architect*, 2021.

[12] Kemmerer, A Lost Game of Bank Bargains: West Germany and International Banking Regulation between Bretton Woods and Basel I (1972–1988), *Jahrbuch für Wirtschaftsgeschichte/Economic His-*

erkennbar, dass in der Bundesrepublik sowohl Politiker als auch Unternehmen aktiv nach neuen globalen Absatz- und Investitionsmöglichkeiten suchten. Die Globalisierung wurde als eine Strategie zur Überwindung wirtschaftlicher Krisenphänomene betrachtet und nicht etwa als eine Bedrohung, von der man sich durch Handelsprotektionismus und Kartellbildung abzukoppeln versuchte.[13] Die Bundesrepublik prägte und erstrebte seit den 1970er Jahren die Globalisierung und war nicht etwa das Opfer eines „Globalisierungsschocks".

Die „Globalisierungsschock"-Interpretation der jüngeren deutschen Wirtschafts- und Sozialgeschichte hatte freilich weitreichende Folgen. Einen breiten Holzweg stellte beispielsweise der Begriff des „sektoralen Strukturwandels" dar. Dieser wurde ursprünglich im Sinne von Jean Fourastié als ein von Geisterhand angetriebener Automatismus dargestellt, dem Politik und Wirtschaft mit den spärlichen Mitteln staatlicher Kompensationen fast machtlos gegenüberstanden. Prozesse des Outsourcing, die für viele Unternehmen äußerst profitabel gewesen sind und in vielen Regionen zu einer erstaunlichen Beharrungskraft von Industrieunternehmen geführt haben, sind hierdurch für sicher zwei Jahrzehnte vollständig ins geschichtswissenschaftliche Schattenreich versunken.[14] Ebenso in die Wüste führte die inflationäre Verwendung des Neoliberalismus-Begriffs, der insbesondere in den Anfangsjahren dieser Mode mit dem Abbau von inter-

tory Yearbook 64 (2023), 339–375; Kemmerer, *Liberal Protectionism*, Diss. Goethe-Universität Frankfurt am Main, 2023.

[13] Hesse, *Exportweltmeister*, 2023.

[14] Vgl. meine ältere Kritik: Hesse, Ökonomischer Strukturwandel: Zur Wiederbelebung einer wirtschaftshistorischen Leitsemantik, *Geschichte und Gesellschaft* 39 (2013), 86–115.

ventionsstaatlicher Regulierung zugunsten einer Anarchie des Weltmarktes gleichgesetzt wurde.[15] Eine ganze Forschungsindustrie wurde auf diese Weise farbenblind gegenüber der Tatsache, dass die globalen Finanzmärkte nichts anderes sind als sich schnell verändernde Regelwerke. Quinn Slobodians Beschreibung der „Globalisten“, einer Gruppe von in internationalen Organisationen tätigen Wirtschaftsliberalen, die regelbasierte Weltmärkte gerade gegenüber dem Zugriff von nationalem Recht abzuschirmen versuchten, hat hier vieles zurecht gerückt.[16] Neuere unternehmenshistorische Studien etwa von Grace Ballor und Sabine Pitteloud konnten zeigen, dass die Interaktion von nationaler Wirtschaftspolitik und weltwirtschaftlicher Verflechtung sehr viel komplexer ist, wenn sie im Detail betrachtet wird.[17]

Im Folgenden soll am Beispiel von vier wirtschaftshistorischen Themenkomplexen genauer gezeigt werden, dass dem Prozess, den wir heute üblicherweise als ökonomische Globalisierung bezeichnen (materiell also die seit den 1980er Jahren beginnende rasche Ausweitung des Welthandels und des Ausmaßes der internationalen Verflechtung, in Deutschland wie in anderen Regionen),

---

[15] Etwa bei Biebricher, *Neoliberalismus zur Einführung*, 2012; vgl. Hesse, Mit Hayek in der Handtasche. Hat der Neoliberalismus die Welt verändert? Das Beispiel der bundesdeutschen Handelspolitik, in: Marx/Reitmayer (Hgg.), *Die offene Moderne – Gesellschaften im 20. Jahrhundert*, 2020, 272–294.

[16] Slobodian, *Globalists*, 2018; Leendertz, Zeitbögen, Neoliberalismus und das Ende des Westens, oder: Wie kann man die deutsche Geschichte des 20. Jahrhunderts schreiben?, *Vierteljahrshefte für Zeitgeschichte* 65 (2017), 191–218.

[17] Ballor/Pitteloud, Introduction: Capitalism and Global Governance in Business History, *Business History Review* 97 (2023), 459–479.

ein politischer Gestaltungswille zugrunde lag. Nicht die „Zerstörung einer Ordnung" oder das „Ende von Bretton Woods" ist der Beginn der „zweiten Globalisierungswelle", sondern die gezielte und zielstrebige Transformation der Weltwirtschaftsordnung. Die Akteure und deren Interessen sind dabei nicht immer eindeutig identifizierbar und man würde weit über das Ziel hinausschießen, wenn behauptet würde, die Globalisierung habe überhaupt keine materielle Substanz, sondern sei von neoliberalen Politikerinnen und Politikern zur Jahrtausendwende regelrecht herbeigeredet worden.[18] Es soll vielmehr darum gehen, die Transformation der globalen wirtschaftlichen Ordnung zwischen 1973 und etwa 2000 zu beschreiben und die Mitwirkung der Bundesrepublik in diesem Prozess.

Ich beschränke mich dabei jeweils auf Grundlinien der Transformation und deren Folgen in den aus meiner Sicht wichtigsten Feldern, die in einer neueren Sekundärliteratur gut beschrieben worden sind: in der Organisation des Weltwährungssystems, der Organisation des Rohstoffhandels nach der Ölpreiskrise und der Regulierung des Welthandels. Der Rolle, die Multinationale Unternehmen hierbei spielten – mein viertes Themenfeld –, widme ich am Ende größere Aufmerksamkeit. In allen vier Themenfeldern lässt sich zeigen, dass sich die Weltwirtschaft sehr stark verändert hat, aber dass eben nicht ein Zerfall der Ordnung damit verbunden war, sondern andere Strukturen geschaffen wurden, wobei Staaten, Internationale Organisation und privatwirtschaftliche Akteure zusammenwirkten.

[18] Eckel, Politik der Globalisierung, *Vierteljahrshefte für Zeitgeschichte* 68 (2020), 451–480 (insb. 465 f.).

II. Währungskrise und Transformation des Bretton Woods-Systems

Die Abkehr von einem System fester Wechselkurse zwischen den Währungen der Mitgliedsländer des Internationalen Währungsfonds (IMF), die Anfang 1973 de facto vollzogen und auf der IMF-Konferenz in Kingston auf Jamaica 1976 in der Satzung verankert wurde, gehörte sicherlich zu den wichtigen Veränderungen der Rahmenbedingungen für globales wirtschaftliches Handeln.[19] Im System fester Wechselkurse, wie es auf der Völkerbundkonferenz im Nordamerikanischen Bretton Woods 1944 vereinbart worden war, entscheiden die Regierungen über die Festsetzung und spätere Veränderungen der Wechselkurse, während die Zentralbanken verpflichtet sind, über Interventionen auf dem Devisenmarkt – also durch Verkäufe der eigenen oder Käufe von fremden Währungen – den vereinbarten Wechselkurs zu stabilisieren. Bei schwankenden („floatenden") Wechselkursen bestimmen dagegen die Zentralbanken direkt über ihre Devisengeschäfte und ihre Zinspolitik den Außenwert der Währung. Sofern die Unabhängigkeit einer Zentralbank durch die nationale Rechtsordnung festgelegt ist (wie in der BRD), haben Regierungen in einem solchen System lediglich die Möglichkeit, über Handelsbeschränkungen oder Steuererhebung indirekt Einfluss auf die Währungsparität zu nehmen, oder aber durch direkte Eingriffe in den Kapitalverkehr. Mit der Abkehr von einem System fester Wechselkurse waren also unmittelbar außenwirtschaftliche Einflussmöglichkeiten von den Regierungen auf ihre Zentralbanken übergegan-

[19] Asai u. a. (Hgg.), *History of the IMF*, 2015.

gen, in der Bundesrepublik wie auch in anderen Mitgliedsländern des IMF.

Dieser Zusammenhang von politischen Handlungsspielräumen in Währungsfragen und der Struktur des Währungssystems war schon zu Beginn der 1960er Jahre bekannt. Zwei beim IMF tätige Ökonomen hatten dies in einem Modell dargestellt, das später als „Mundell-Flemming-Trilemma" bekannt geworden ist. Finanzfachleute, Zentralbanker und Außenwirtschaftspolitiker beriefen sich auf dieses Modell. Danach können Nationalstaaten von den drei Zielen: feste Wechselkurse, freier Kapitalverkehr und geldpolitische Autonomie immer nur zwei gleichzeitig erreichen.[20] Hatten sich die Staaten zunächst für das Zusammenspiel von festen Wechselkursen und freiem Kapitalverkehr entschieden, so wurden seit den 1970er Jahren die festen Wechselkurse zugunsten der geldpolitischen Autonomie aufgegeben, weil man auf diese Weise der inländischen Geldentwertung wirksamer zu begegnen können glaubte.

In der Realität waren die Optionen von Regierungen und Zentralbanken keineswegs so eindeutig, wie es das Modell vorgab. Catherine Schenk – eine der besten Experten für dieses Thema – wird nicht müde zu betonen, dass die Wirtschaftspolitik sich stets in den Mischbereichen des Dreiecks bewegte. Dies war schon dadurch bedingt, dass die Nationalstaaten mit vielen Staaten gleichzeitig Währungsbeziehungen pflegten und dabei nicht in jedem Fall die gleiche währungspolitische Option die beste war. Der Zerfall des Bretton Woods-Systems betraf vor allem den Wechselkurs mit dem Dollar, während in anderen Wäh-

[20] Schenk, *International Economic Relations since 1945*, 2011, zum Modell S. 4; s. auch: Boughton, On the Origins of the Fleming-Miundell Model, *IMF Staff Papers* 50 (2003), 1–9.

rungsbeziehungen feste Wechselkurse auch über 1973 hinaus Bestand hatten, beispielswiese in Europa.

Vor allem passierte die Transformation der Währungsordnung aber nicht „schockartig“, gleichsam über Nacht, um auf die Frage der Gestaltung der Weltwirtschaftsordnung zurückzukommen. Das Bretton Woods-System befand sich eigentlich von Beginn an in einer Dauerkrise. Erst 1958 konnte das Regelwerk nach dem Übergang zu einer allgemeinen Währungskonvertibilität in der Gestalt in Dienst genommen werden wie es von den Erfindern ersonnen worden war. Sofort waren aber Paritätsanpassungen nötig und konzertierte Goldan- und verkaufsaktivitäten. Immer wieder mussten einzelne Notenbanken durch Kreditzusagen von anderen Notenbanken gestützt werden. Die Abwertung des britischen Pfunds 1967 und die damit verbundene Neuorganisation der Währungspolitik des Commonwealth läutete den letzten Akt des Festkurssystems ein. Ständig wurden jetzt die Wechselkurse unter den wichtigen Industrieländern neu angepasst: Die DM wertete 1969 zum zweiten Mal auf und im Dezember 1971 ein drittes Mal, nachdem der Wechselkurs von Mai bis Dezember bereits nicht mehr stabilisiert worden war. Der französische Franc wertete mehrmals ab und im August 1971 kündigte die USA im „Nixon Shock“ die Goldbindung des Dollar auf (zusammen mit anderen protektionistischen handelspolitischen Maßnahmen). Zwar konnte das System im Dezember 1971 im sogenannten „Smithsonian Agreement“ noch einmal gerettet werden, aber die Probleme der Währungsordnung wurden dabei nicht bewältigt und feste Wechselkurse nur eineinhalb Jahre später in den meisten Ländern endgültig aufgegeben.[21]

[21] Siehe Anm. 8 und Anm. 11.

Zwischen 1968 und 1973 wertete die D-Mark gegenüber dem Dollar um 37% auf. Das bedeutet, dass deutsche Exportgüter auf dem amerikanischen Markt durch den Währungseffekt um 37% teurer wurden. Die Exportunternehmen mussten entweder ihre Verkaufspreise in die USA parallel senken und einen Verlust in der gleichen Höhe in Kauf nehmen, oder ließen die Dollarpreise mit der Währungsanpassung steigen, was durch den Rückgang der Nachfrage ebenfalls Verluste nach sich zog. Deshalb war insbesondere die deutsche Exportindustrie über Währungsaufwertungen nicht erfreut und bekämpfte sie seit den 1950er Jahren.[22]

Umgekehrt wurden amerikanische Güter auf dem deutschen Markt entsprechend günstiger, die Konkurrenz für die inländische Produktion durch die Währungsaufwertung also größer. Beide Effekte waren im System fester Wechselkurse erwünscht – weil auf diesem Weg nämlich die Handelsbilanz ausgeglichen werden sollte. In einem ideal funktionierenden System hätten beispielsweise die hohen Exportüberschüsse, die in der Bundesrepublik seit 1952 aufliefen, über die Wechselkurspolitik im Rahmen des IMF ausbalanciert werden sollen. Tatsächlich passierte das aber nicht, u.a. weil die Aufwertung der D-Mark hinausgezögert wurde.

Ende der 1960er Jahre belasteten vor allem „spekulative Kapitalströme" das System fester Wechselkurse. Internationale Investoren antizipierten eine Währungsaufwertung und transferierten große Vermögen in das entsprechende Land. Weil der Transfer von Geld letztlich einen Währungsumtausch darstellt, setzen diese spekulativen Kapitalströme den Wechselkurs unter Druck und zwangen

[22] Hesse, *Exportweltmeister* (Anm. 13), 155, 201–217.

die Zentralbanken zu Devisenmarktinterventionen, die eigentlich für den Ausgleich von Handelsbilanzungleichgewichten vorgesehen waren. John M. Keynes hatte bei der Diskussion des Währungsregimes in Bretton Woods daher geplant, den Kapitalverkehr zwischen zwei Ländern vollständig zu untersagen und in einem internationalen Clearinghouse zu monopolisieren.[23] Weil der Kapitalverkehr in den 1960er Jahren aber weitgehend liberalisiert worden war, konnten private Investoren beispielsweise große Dollarbeträge jederzeit fast kostenlos in D-Mark umtauschen und die Bundesbank war gezwungen, einen gleich hohen Betrag Dollar anzukaufen, um das Verhältnis von Angebot und Nachfrage wiederherzustellen. Wenn danach eine Aufwertung der D-Mark beschlossen wurde, konnten die Investoren ihr D-Markguthaben in einen höheren Dollargegenwert zurücktauschen, während die von der Bundesbank aufgenommenen Dollar im gleichen Umfang an Wert verloren. Im Moment der Aufwertung wurde der privatwirtschaftliche Gewinn zu einem staatlichen Verlust der Notenbank.

Wegen spekulativer Kapitalzuflüsse hatte die Bundesbank in der Woche vor der zweiten Aufwertung im Oktober 1969 4,5 Mrd. Dollar im Wert von 17 Mrd. D-Mark gekauft. Am 1. März 1973, dem Tag, an dem die Devisenmarktintervention zugunsten des Dollar in der Bundesrepublik endgültig eingestellt wurde, waren es allein 2,7 Mrd. Dollar. Die Begleitmusik für diese dramatische Währungskrise kam übrigens damals von der englischen Rockband Pink Floyd, die am gleichen Tag ihr Album „The dark side of the moon“ veröffentlichte, mit dem

[23] Steil, *The Battle of Bretton Woods*, 2013; Chwieroth, *Capital Ideas*, 2009.

noch heute einprägsamen Song „Money". Der Dollarbestand im Portfolio der Bundesbank betrug im Mai 1971 (vor dem Übergang zum vorübergehenden Floaten) fast 70 Mrd. DM. Teile der bei einer inflationären amerikanischen Geldpolitik schnell wachsenden Dollar-Geldmenge sowie Franc und Pfund landeten im Bretton Woods-System früher oder später in den wenigen Hartwährungsländern – neben der Bundesrepublik noch in den Niederlanden und der Schweiz – die durch den IMF-Vertrag gezwungen wurden, einen Teil der ausländischen Geldmenge aufzunehmen. Zeitgenössisch machte das Schlagwort von einer „importierten Inflation" die Runde, was allerdings auch wiederum einen strategischen Gehalt hatte, denn natürlich war ein Teil der Inflation in der Bundesrepublik durch inländische wirtschaftspolitische Maßnahmen generiert worden.

An den steigenden Inflationsraten seit den 1960er Jahren hatten die Probleme des Währungsregimes aber zweifellos ihren Anteil. In der Bundesrepublik betrug die Inflationsrate schon Mitte der 1960er Jahre 3–4 %, was den meisten Ökonomen und auch einigen Politikern tiefe Sorgenfalten auf die Stirn trieb. Die scharfen öffentlichen Debatten über wirtschafts- und geldpolitische Strategien zur Bekämpfung der Inflation sind hinlänglich bekannt. Herbert Giersch, der als Sachverständigenratsmitglied Mitte der 1960er Jahre für den Übergang zu einem System flexibler Wechselkurse plädierte, wurde von konservativen Politikern und Industriellen heftig öffentlich attackiert.[24] Hohe Inflationsraten, die in der Bundesrepublik mög-

[24] Hesse, Wissenschaftliche Beratung der Wirtschaftspolitik. Das Bundeswirtschaftsministerium und die Volkswirtschaftslehre, in: Abelshauser u. a. (Hgg.), *Das Bundeswirtschaftsministerium in der Ära der Sozialen Marktwirtschaft*, 2016, 391–481.

licherweise aufgrund der Erfahrungen mit der Hyperinflation ganz besondere Sensibilitäten auslösten,[25] erzeugten innenpolitisch Druck zur Veränderung der Struktur des Festkurssystems. Bereits vor der Ölpreiskrise war Anfang des annus horribilis 1973 die Inflationsrate in der Bundesrepublik durch Kapitalimporte und konjunkturelle Überhitzung auf 7 % angestiegen.

Im Gegensatz zu der großen Aufmerksamkeit, die die Vorgeschichte der Abkehr vom System fester Wechselkurse in der Forschung erlangt hat, u. a. um den vermeintlichen Einfluss der „neoliberalen“ Denker herauszustellen,[26] werden die Folgen seltener beschrieben. Wenn zum „System von Bretton Woods“ auch der IMF als Institution gezählt wird, gibt die Tatsache, dass dieser bis heute besteht, immerhin einen Hinweis auf die Kontinuität dieses Regimes. Der IMF war zur Exekution der Regeln des Währungsregimes 1947 aus der Taufe gehoben worden und wurde nicht mehr gebraucht, sobald kontrollierte Währungsauf- und -abwertungen künftig nicht mehr durchgeführt werden mussten. Nach einigen Jahren der Ziellosigkeit fand er aber in der Bereinigung von Staatsschuldenkrisen eine neue Aufgabe – so hat es Laura Rischbieter meisterhaft beschrieben.[27]

---

[25] So die Forschungsergebnisse von: Mee, *Central Bank Independence and the Legacy of the German Past*, 2019; siehe auch: Malmendier/Nagel, Learning from Inflation Experiences, *The Quarterly Journal of Economics* 131 (2016), 53–87.

[26] Schmelzer, *Freiheit für Wechselkurse und Kapital*, 2010; Plehwe/Schmelzer, Marketing Marketization. The Power of Neoliberal Expert, Consulting, and Lobby Networks, *Zeithistorische Forschungen* 12 (2015), 488–499.

[27] Rischbieter, *Januskopf des Kapitalismus*, unveröffentlichte Habil.Schrift, 2022; siehe neuerdings auch: Daunton, *The Economic Government of the World*, 2023.

In Europa bildete sich mitten in der Krise des Weltwährungssystems ein europäisches Währungssystem heraus, das die Spielregeln des Festkurssystems trotz aller Probleme übernahm. Zwar funktionierte das anfangs höchstens leidlich, angesichts der schweren Wirtschaftskrise in Großbritannien und hoher Inflationsraten in Italien und Frankreich. Aber mit dem Europäischen Wechselkursmechanismus (EWM) kamen die Europäer immerhin im zweiten Anlauf 1979 zu einer funktionierenden Ordnung. Die CFA-Zone in Westafrika, ein an den französischen Franc gebundenes System fester Wechselkurse, blieb ebenfalls über das Jahr 1973 hinweg erhalten. In Süd- und Lateinamerika banden viele Länder ihre Währungen an den US-Dollar, weil sie mit den USA intensive Handelsbeziehungen pflegten. Auch wenn der IMF nach 1973 seine Rolle als Wechselkursregulator verlor, ist in dem System „flexibler" Wechselkurse, das im Verhältnis vieler Währungsräume an die Stelle trat, währungspolitische Koordination gleichwohl möglich. Carmen Reinhardt und Ken Rogoff fanden bei einer genaueren Analyse der Kursbewegungen 2004 heraus, dass nur 4,5 % der Mitglieder des IMF nach 1976 tatsächlich zu einem echten Floaten übergegangen waren, d. h. sie überließen den Wechselkurs tatsächlich dem Spiel von Angebot und Nachfrage nach ihren Währungen auf einem unregulierten internationalen Devisenmarkt. Viele der anderen Länder hatten zwar offiziell angegeben, dass ihre Währungen „floaten" würden. Tatsächlich manipulierten sie den Wechselkurs aber mehr oder weniger stark durch eigene Währungsgeschäfte, entweder um den Wechselkurs zu stabilisieren oder der eigenen Wirtschaft einen Wettbewerbsvorteil zu verschaffen.[28]

[28] Reinhart/Rogoff, The Modern History of Exchange Rate Ar-

Zwar waren diese Währungsmanipulationen verdeckte strategische Instrumente im Rahmen einer wettbewerbsorientierten Außenwirtschaftspolitik und erhielten teils pejorative Bezeichnungen wie „schumutziges Floaten". Das heißt aber nicht, dass nach 1973 zu einer vollständigen währungspolitischen Anarchie übergegangen worden wäre. Absprachen zwischen den Regierungen und den Notenbanken der westlichen Welt wurden weitergeführt, im IMF oder in der „Gruppe der 10", zu der sich schon Anfang der 1960er Jahre Länder zusammengeschlossen hatten, um über Notenbankkredite das Festkurssystem zu stabilisieren. Die Baseler Bank for International Settlements (BIS), ursprünglich im Rahmen des Young-Plans 1929 gegründet, wurde zu einem wichtigen Ort der währungspolitischen Abstimmung wie auch seit 1978 das jährliche „Policy meeting" der Federal Reserve Bank of Kansas City in „Jackson Hole".

Diese Verlagerung von Entscheidungen und Abstimmungsprozessen weg von den zentralen Internationalen Organisationen und hin zu internationalen Teilöffentlichkeiten war möglicherweise das wichtigste Ergebnis der Transformation der globalen Ordnung auf dem Gebiet der Währungspolitik, viel wichtiger als der in der Literatur zu einem krassen Systemwechsel stilisierte Übergang zum Floaten. Zu der Dynamik der Entscheidungsverlagerung gehörte die Entstehung der Weltwirtschaftsgipfel, der „G7", die von den Initiatoren Valéry Giscard d'Estaing und Helmut Schmidt ganz gezielt zur Umgehung der trägen Abstimmungsprozesse in IMF und GATT etabliert

rangements: A Reinterpretation, *The Quarterly Journal of Economics* 119 (2004), 1–48.

worden waren.[29] Eines der wichtigsten währungspolitischen Abkommen der Nachkriegsgeschichte sprengte aber selbst diese nicht-legitimierte „Weltwirtschaftsregierung": Einen Tag vor dem Beginn des G7-Treffens schlossen die Notenbanken und Finanzminister der USA, UK, BRD, Frankreich und Japan im September 1985 im New Yorker Plaza Hotel ein Abkommen, um durch koordinierte Interventionen in die globalen Devisenmärkte die Aufwertung des Dollar zu bekämpfen. Italien und Kanada, die beiden übrigen G7-Länder, blieben außen vor.[30]

Die globale Abkehr von einem offenen System fester Wechselkurse war mithin weder ein äußerer „Währungsschock" noch ein „Niedergang" oder „Zusammenbruch des Systems von Bretton Woods", sondern eine schrittweise Transformation der globalen Währungsordnung. Die politische Aushandlung wurde dabei vom IMF als Zentrum in andere, weniger exponierte Gremien verlagert. Die Industrieländer und auch die Bundesrepublik haben diesen Prozess initiiert und die neue Ordnung ausgestaltet. Dabei wirkten europäische und amerikanische Großbanken, die im Verlauf der 1970er Jahre zunehmend internationale Geschäftszweige aufbauten, bei der Ausgestaltung dieser Ordnung mit, was Eduardo Altamura für französische und englische Großbanken zeigen konnte,[31] und Matthias Kemmerer für die deutschen.[32]

---

[29] Karczewski, „*Weltwirtschaft ist unser Schicksal*", 2008.

[30] Bergsten/Green, *International Monetary Cooperation*, 2016.

[31] Altamura, *European Banks and the Rise of International Finance after Bretton Woods (1973–1982)*, 2015; ders., Commercial Banking from Oil Crisis to Debt Crisis: The Case of Lloyds Bank, *Jahrbuch für Wirtschaftsgeschichte/Economic History Yearbook* 64 (2023), 469–487.

[32] Kemmerer, A Lost Game of Bank Bargains (Anm. 12).

III. Ölpreiskrise und Transformation des Rohstoff-Regimes

Das zweite Thema, die Ölpreiskrise und ihre Folgen, soll hier sehr kurz behandelt werden – es ist durch eine neuere Forschungsliteratur sehr gut erschlossen.[33] Der Nachkriegsboom der Weltwirtschaft beruhte nicht unerheblich auf sehr niedrigen Energiekosten. Hierzu trug die Erdölförderung bei, die von einem Nachfragekartell westlicher Großunternehmen (den „Sieben Schwestern“) dominiert wurde. Durch die Kartellierung der Nachfrage war es gelungen, die Einkaufspreise zulasten der Förderländer niedrig zu halten. Schon vor der Ölpreiskrise im Oktober 1973 war dieses System bekanntlich in Bewegung geraten. Die Gründung der OPEC 1960 führte zu ersten Preiserhöhungen, aber erst der Boykottaufruf der arabischen Staaten im Oktober 1973 katapultierte die Preise um das Dreifache in die Höhe.[34]

Weil einige Länder sich von dem scheinbar unbegrenzten Ölzufluss ganz besonders abhängig gemacht hatten – Italien deckte 80 % des Energiebedarfs aus Erdöl – brach unmittelbar nach dem „Preisschock“ hektische Betriebsamkeit in den westlichen Industrieländern aus. Viele Länder versuchten sich in bilateralen Lieferabkommen mittelfristig Teile der Ölförderung zu sichern. Von der Handelsfreiheit, die mit dem GATT-System geradezu zu einer

---

[33] Hier pars pro toto: Graf, *Öl und Souveränität*, 2014; Bini/Garavini/Romero (Hgg.), *Oil Shock*, 2016; Dietrich, *Oil Revolution*, 2017.

[34] Beenstock, The Rise, Fall and Rise Again of OPEC, in: Oliver/Aldcroft (Hgg.), *Economic Disasters of the Twentieth Century*, 2007, 133–161.

Lebensgrundlage der westlichen Welt erhoben worden war (siehe den nächsten Abschnitt), war in dieser Situation nicht mehr viel zu spüren. Auch die Bundesrepublik ging diesen Weg direkter bilateraler Handelsabkommen und sicherte sich in Verträgen mit den Vereinigten Arabischen Emiraten, dem Iran und dem Irak Öleinfuhren für die nächsten Jahre. Neben Abnahmeverpflichtungen wurden dabei auch engere Wirtschaftsbeziehungen vereinbart. Der Verkauf von Kernkraft-Technologie in den autoritär regierten Iran war Bestandteil dieser Politik.[35] Sogar mit GATT-Mitgliedern wie Australien und Mexiko schloss die Bundesrepublik „Rohstoffabkommen", obwohl bilaterale Abkommen dem GATT-Grundsatz widersprachen.[36] Auch auf dem Gebiet der Versorgung der Industrieländer mit Erdöl wurde im Verlauf der 1970er Jahre die Ordnung der Weltwirtschaft verändert und mit der Internationalen Energieagentur (IEA) eine neue Institution geschaffen, die in erster Linie die amerikanische Hegemonie zementieren sollte.[37]

Der Akzent, den ich hier setzen möchte, liegt aber auf einem anderen Gebiet, auf dem Gebiet des sogenannten „Petro-Dollar-Recycling", welches seinerseits eine wesentliche Vorbedingung für den erheblichen Bedeutungsgewinn globaler Finanzmärkte und international agierender Großbanken darstellte. In der Bundesrepublik, wo

[35] Romberg, *Atomgeschäfte*, 2020.

[36] Bundesarchiv B102/139772: Kruse, Abt. VA1, an Referat S1, Redemanuskript für Friderichs, AHB-Sitzung, 15.2.1974; Bundesarchiv B102/139771: Protokoll der Sitzung des Außenhandelsbeirats beim Bundesminister für Wirtschaft, 15.2.1974.

[37] Türk, The Oil Crisis of 1973 as a Challenge to Multilateral Energy Cooperation among Western Industrialized Countries, *Historical Social Research* 39 (2014), 209–230.

der erste Ölpreisschock durch die D-Mark-Aufwertung etwas abgedämpft worden war, rechneten die Experten im Bundeswirtschaftsministerium Ende 1973 mit jährlichen Mehrausgaben von 13 Mrd. DM. Der Einfuhrwert für alle Güter betrug damals etwa 145 Mrd. DM.[38] Ein Teil der zusätzlichen Ausgaben floss in den folgenden Jahren allerdings nach Deutschland zurück, weil die Erdölexporteure ihre Zusatzeinnahmen zum Teil für Industrieprodukte ausgaben, Lastwagen und Autos, Industriemaschinen und Industrieanlagen, Güter, die es vor allem in der Bundesrepublik zu kaufen gab. In der Bundesrepublik wird der erste Ölpreisschock zwar als Auftakt zu einem Krisenjahrzehnt erinnert. Die Exportindustrie erlebte aber bis Mitte 1975 einen ganz und gar unerwarteten Boom.[39]

Zum Jahresende 1973 konnten die Experten das aber noch nicht absehen. Auf höchster diplomatischer Ebene wurde daher unter den Industrieländern nach Lösungen gesucht, wie die zusätzlichen Ausgaben für Ölimporte in den Finanzkreislauf der westlichen Welt zurückgeholt werden könnten. Die ersten internationalen Konferenzen, auf denen über die „Rückschleusung der Petrodollar“ diskutiert wurde, gab es schon im Dezember 1973. Europäische Wirtschaftspolitiker waren sich einig, dass für die Öl-

---

[38] Bundesarchiv B102/226509: Mesenberg, Zur außenwirtschaftlichen Situation, 28.12.1973; Hohensee, *Der erste Ölpreisschock 1973/74*, 1996, 78; Beenstock, The Rise, Fall and Rise Again of OPEC (Anm. 34). Hatten alle OECD-Staaten zusammen 1973 noch einen Leistungsbilanzüberschuss von 4,5 Mrd. Dollar gegenüber dem Rest der Welt aufgewiesen, so rechneten die Experten für 1974 angesichts der Verteuerung der Öleinfuhren mit einem Defizit von 40 Mrd. Dollar. Bundesarchiv B102/226508: Mesenberg, Bemerkungen zur außenwirtschaftlichen Lage, 4.9.1974.

[39] Hesse, *Exportweltmeister* (Anm. 13), 241.

scheichs Investitionsmöglichkeiten auf den europäischen Märkten geschaffen werden müssten. Man rechnete mit 30–35 Mrd. Dollar zusätzlicher Liquidität auf den europäischen Finanzmärkten – in späteren Jahren kursierten auch Zahlen von 60–70 Mrd. Dollar.[40] Und tatsächlich begannen einige Golfstaaten auf der Suche nach attraktiven Vermögensanlagen in Europa sich 1974 für Aktienpakete von deutschen Großunternehmen zu interessieren. Die Quandt-Familie verkaufte Beteiligungen an Daimler Benz an Kuweit und Friedrich Karl Flick drohte 1975 damit, seinen noch größeren Anteil an demselben Unternehmen an den Iran zu verkaufen, was letztlich von der Deutschen Bank verhindert wurde, die die Anteile kurzerhand selbst übernahm. Helmut Schmidt hatte sich höchstpersönlich dafür eingesetzt, dass die Aktienmehrheit an einer „Perle der deutschen Industrie" im Inland blieb.[41]

In anderen Ländern lief es ähnlich: Weil die Ölmilliarden andernfalls auf den nationalen Märkten sehr einflussreich geworden wären, wurde versucht, direkte Kapitalbeteiligungen oder auch Immobiliengeschäfte zu verhindern. Entwicklungsfonds, wie die Erdölfazilität beim IMF, die zur Unterstützung der durch den Ölpreisschock besonders betroffenen Entwicklungsländer eingerichtet wurde, reichten zur Aufnahme der zusätzlichen Liquidität nicht aus. Daher kamen die Staatslenker der Industrieländer überein, die internationalen Großbanken zur Aufnahme

---

[40] Poltisches Archiv des Auswärtigen Amtes, PA AA B 1-ZA/178598: St.S. Pöhl (BMF), Bericht über das Treffen der Finanzminister, 3.12.1973, 2. Es handelte sich dabei um ein Treffen der sog. „Library Group", die Helmut Schmidt zusammen mit Valéry Giscard d'Estaing initiiert hatte und die als Vorläufer der Weltwirtschaftsgipfel gilt.

[41] Ahrens/Bähr, *Jürgen Ponto*, 2013, 186 ff.

der „Petro-Dollar“ zu bewegen, welche dann befähigt werden sollten, die Mittel zur Kreditvergabe in Schwellenländern zu verwenden – der Beginn der Schuldenkrise der 1980er Jahre.[42] Die Ölpreiskrise 1973 führte also unmittelbar zur Ausgestaltung einer Ordnung, in der Politiker aus Industrieländern die eigene Unternehmenslandschaft gegenüber ausländischen Übernahmen immunisierten und „Petro-Dollars“ in einen globalen Finanzmarkt „schleusten“, der anschließend immer weiter „liberalisiert“ werden musste.

Auch hier lohnt es sich, einen Blick auf die weitere Entwicklung der weltwirtschaftlichen Ordnung zu wagen und nicht bei der Vorgeschichte stehen zu bleiben. Die Phase hoher Ölpreise dauerte gerade einmal 12 Jahre. Die Produktion wurde durch den hohen Ölpreis nicht gebremst, sondern im Gegenteil: die Erschließung neuer Vorkommen wurde attraktiver gemacht und brachte neue Erdölproduzenten hervor. Die Beschränkung der Förderkapazität, erfolgreich in der ersten Ölpreiskrise, hatte daher in der Zweiten Ölpreiskrise 1979 nicht mehr den gleichen umsatzsteigernden Effekt und die OPEC-Mitglieder erlitten deutliche Einnahmeverluste. Als nach dem Plaza-Abkommen 1985 zudem der Dollar abwertete und die internationale Kaufkraft der Ölförderländer weiter geschwächt wurde (Öl wird bis heute in US-Dollar gehandelt), erhöhte die OPEC ihre Fördermenge und sorgte damit 1986 für einen starken Preisverfall, einen „dritten Ölpreisschock“, wie es damals hieß, wodurch der Ölpreis bis zur Jahrtausendwende etwa auf das Niveau am Ende

---

[42] Gray, Learning to ‚Recycle‘: Petrodollars and the West, 1973–75, in: Bini/Garavini/Romero (Hgg.), *Oil Shock*, 2016, 172–197.

des Jahres 1973 absank.[43] Die zweite Globalisierungswelle mit ihrer charakteristischen Ausdehnung der Containerschifffahrt,[44] konnte also wieder von einem im intertemporalen Vergleich niedrigen Ölpreis „befeuert“ werden. Es war die spezifische Ausgestaltung der weltwirtschaftlichen Ordnung unter Führung der westlichen Industrieländer, die dieses Ergebnis letztlich hervorgebracht hat.

IV. Handelsregime und GATT

Wenn an „Weltwirtschaft“ und „Globalisierung“ gedacht wird, bezieht sich das zumeist auf den internationalen Handel und nicht auf währungspolitische oder energiepolitische Strategien. Seit den 1970er Jahren kam es zu einer zunächst allmählichen, nach 1990 zu einer raschen Zunahme des Welthandels, sowohl was das Volumen insgesamt anbelangt, als auch im Verhältnis von Außenhandel zur inländischen Produktion. Die meisten Länder profitierten zunehmend von der globalen Arbeitsteilung und waren stärker in die Weltwirtschaft eingebunden. Das ist der wirtschaftshistorische Hintergrund der Rede von einer „zweiten Globalisierungswelle“ oder einer „Reglobalisierung“, wie Roland Findlay und Kevin O’Rourke es nennen.

Die Zahlen sprechen hier eine sehr deutliche Sprache, auch wenn der Prozess für die Länder jeweils unterschiedlich ausgeprägt war. Der Außenhandel gemessen im Ver-

---

[43] Das bezieht sich auf den „realen“ also inflationsbereinigten Ölpreis. Beenstock, The Rise, Fall and Rise Again of OPEC (Anm. 34); Skeet, *Opec*, 1988.

[44] Levinson, *The Box*, 2016.

hältnis zum Bruttoinlandsprodukt („Offenheitsgrad“) nahm überall auf der Welt zu, teilweise deutlich. In Europa mit seinen vielen kleinen, hochgradig integrierten Volkswirtschaften lag er schon 1985 bei ca. 80 % und stieg bis zur Jahrtausendwende auf 100 %, in Südostasien stieg er von ca. 100 % auf 160 %. Die „Exportquote“ stieg zwischen 1973 und 1998 im Durchschnitt aller Länder von 10 % auf 17 %. Für deutsche Exportweltmeister-Ohren hört sich das wenig spektakulär an (die Bundesrepublik hat heute eine Exportquote von mehr als 40 % des BIP). Aber im globalen Durchschnitt ist der Anstieg beachtlich.[45] Die „Reglobalisierung“ zeigt sich darüber hinaus im Handelsvolumen, in der Ausweitung globaler Transportkapazitäten, in der Zunahme von globalen Kapitalströmen und nicht zuletzt in einer zunehmenden Migration.

Hier soll nun der Frage nachgegangen werden, in welcher Weise die Transformation der Weltwirtschaftsordnung zu dieser zweiten Globalisierungswelle beigetragen hat. Die Handelspolitik nach dem Zweiten Weltkrieg war von einem großen Bekenntnis zur Handelsliberalisierung getragen. Dieser ging von den USA aus und die Bundesrepublik Deutschland sah sich unter Wirtschaftsminister Ludwig Erhard als so etwas wie der handelsliberale Mus-

[45] Ich folge hier dem internationalen Standardtext von: Findlay/O’Rourke, *Power and Plenty*, 2009, 496–512. Der „Offenheitsgrad“ oder „trade-to-GDP-ratio“ ist definiert als die Summe von Importen und Exporten im Verhältnis zum BIP. Die Exportquote als Summe der Güterexporte im Verhältnis zum BIP. Weil die Exporte und Importe mit dem gesamten Güterwert ausgewiesen werden, können sie das BIP auch übersteigen, das nur die „Wertschöpfung“ (Güterwert abzüglich Vorleistungen und Abschreibungen) ausweist. Das erklärt Werte von mehr als 100 %, die auf den ersten Blick möglicherweise unplausibel sind.

terschüler.[46] Es ging dabei vor allem um die „Liberalisierung“ im engeren handelspolitischen Sinne, also um die Reduktion von Einfuhrzöllen und die Reduktion der Zahl der Güter, deren Einfuhrmengen beschränkt waren.

Das Instrument, das zur Durchsetzung dieser Ziele nach dem Zweiten Weltkrieg gegründet worden ist, war das „General Agreement on Tariffs and Trade“ (GATT). Mit diesem multilateralen Abkommen, dem die Bundesrepublik 1952 beitrat, legten die Mitgliedsländer Grundsätze für die Ausgestaltung ihrer Handelsverträge fest und vereinbarten gemeinschaftliche Zollsenkungen, deren Höhe regelmäßig neu ausgehandelt wurde. Das GATT hatte eine wechselvolle Geschichte und sein Beitrag zum Aufschwung des Welthandels wird immer wieder kritisch diskutiert.[47] Vordergründig zeigt sich die Wirksamkeit der Institution an der rasch wachsenden Zahl der Mitglieder und an der deutlichen Reduktion der durchschnittlichen Zollsätze. Das allerdings ist eine äußerst problematische Größe, denn bei einer Gesamtzahl von mehr als 3000 Einzelprodukten, die von der international normierten Zollnomenklatura erfasst werden, variieren die Zollsätze typischerweise stark. Die Vorgehensweise, wie Zollpolitiker und Wissenschaftler aus dieser Bandbreite einen Durchschnittszollsatz ableiten, öffnet großen Spielraum für strategische Instrumentalisierungen. Bei aller Vorsicht wird man gleichwohl davon ausgehen können, dass die hohen Zollsätze der frühen 1950er Jahre von 20–30 % bis zum

[46] Für die bundesdeutsche Handelspolitik bis 1957 einschlägig: Neebe, *Weichenstellung für die Globalisierung*, 2004.

[47] Irwin, The GATT's Contribution to Economic Recovery in Post-War Western Europe, in: Eichengreen (Hg.), *Europe's Post-war Recovery*, 1995, 127–150; Bown/Irwin, The GATT's Starting Point: Tarif Levels Circa 1947, *NBER Working Paper* Nr. 21782 (2015).

Ende der 1960er Jahre auf 8–10 % gesenkt werden konnten, ein Erfolg insbesondere der „Kennedy-Runde“ des GATT in den 1960er Jahren.[48]

Nicht nur die große Bandbreite von teilweise sehr hohen Einzelzöllen, die in den Durchschnittswerten verschwindet, sondern auch die zahlreichen Ausnahmen und Sonderbestimmungen des GATT erschweren dessen Beurteilung. Ausnahmen erhielten beispielsweise der Commonwealth-Zolltarif oder der Schutz der Landwirtschaft in den europäischen Mitgliedsländern und den USA. Dass das GATT-Abkommen den Aufschwung des Welthandels nach dem Zweiten Weltkrieg maßgeblich ausgelöst hätte, wird in dieser Allgemeinheit daher kaum behauptet werden können.

Immerhin verkörperte es zu Beginn der 1970er Jahre ein eingespieltes Verfahren multilateraler Verhandlungsrunden in der westlichen Welt, an der mit Beobachterstatus auch die Sowjetunion und später China teilnahmen. Seit 1971 vertrat die EG ihre Mitglieder bei den GATT-Verhandlungen. Das Mandat für den EG-Außenkommissar wurde dabei in durchaus komplizierten Abstimmungen in einem Ausschuss nach § 113 des EWG-Vertrags beschlossen, in dem immer wieder die protektionistische französische mit der liberalen deutschen Handelspolitik zusammenstieß. Hieraus erwuchs in einer Art „Paradoxie der Schwäche“, wie Kiran Patel schreibt, eine durchaus erfolgreiche und durchsetzungsstarke Verhandlungsposition der EG auf internationaler Bühne. Für das Jahr 1973 war eine neue Welthandelsrunde geplant, die „Tokio-Runde“, und die Bundesregierung verfolgte in den innereuropäischen Abstimmungen den kühnen Plan, die Verhandlungen mit

[48] McKenzie, *GATT and Global Order in the Postwar Era*, 2020.

dem Vorschlag zu beginnen, sämtliche Industriezölle komplett abzuschaffen.[49]

Der Freihandelsoptimismus der Bundesrepublik und seiner Strategin, Helga Steeg aus dem Bundeswirtschaftsministerium, war im Laufe des Jahres 1973 aber schnell verflogen. Zwar konnten nach mehrjährigen Verhandlungen Zollsenkungen unter den GATT-Mitgliedern von 30 % öffentlichkeitswirksam verkündet werden. Aber bei den geringen Zollsätzen, die schon am Anfang der 1970er Jahre vorherrschten, stellte dies keine wirklich spürbare Entlastung des Welthandels dar. Auch wenn für bestimmte Produkte hieraus Handelserleichterungen erwachsen sind, war die Belastung des Welthandels durch Zölle und direkte Einfuhrkontingente in den 1970er Jahren kaum noch entscheidend, so dass mit weiteren Zollsenkungen keine signifikante weitere Ausweitung des Welthandels mehr erreicht werden konnte.

Das war in dieser Phase aber auch gar nicht erwünscht. Am Beginn der „zweiten Globalisierungswelle" stand in der Handelspolitik paradoxerweise ein „neuer Protektionismus", nur dass dieser eben nicht über die Zollpolitik ausgetragen wurde. Bei einem grundsätzlichen Bekenntnis zu den Prinzipien des Freihandels und einer allgemeinen Befürwortung von Zollsenkungen hatten viele GATT-Mitglieder ihre diskriminierende, interessegeleitete Handelspolitik auf andere Felder verlagert, um die Wettbewerbsfähigkeit der inländischen Wirtschaft zu erhalten oder auszubauen. Sie bedienten sich „nicht tarifärer Handelsbeschränkungen" (non tariff barriers, NTB).

---

[49] Bundesarchiv B102/226509: Positionspapier' der Abt. Außenwirtschaft und Entwicklung, 5.2.1973.

Das Feld der NTB jenseits der klassischen Handelspolitik ist uferlos. Die Landwirtschaftssubventionen der EG zählten ebenso dazu, wie die Gründung von Freihandelszonen und die staatliche Subvention von Exportkrediten. Ständig wurden (und werden) neue diskriminierende Praktiken entwickelt oder (umgekehrt) behauptet, dass Länder solche Praktiken anwandten, um diese ihrerseits zu sanktionieren. Die Tatsache, dass die Tokio-Runde des GATT sich umfassend mit den NTBs zu befassen hatte, war deren wachsender Bedeutung geschuldet und nicht etwa einer Ausweitung des vom GATT vertretenden Freihandelsregimes.

Eine wichtige Handelspraxis, die in diesen Bereich fiel, waren die sogenannten Selbstbeschränkungsabkommen (voluntary export restraint agreements, VER). Das wichtigste derartige Abkommen war schon 1957 zwischen den USA und Japan geschlossen worden und betraf den Export von Baumwolltextilien in die USA. Weil die amerikanische Baumwollindustrie stark unter den Importen günstiger Textilien und Garne aus Japan litt, kamen die beiden Länder überein, dass Japan seine Exporte in die USA freiwillig beschränken würde und die USA stimmte zu, dass das Einfuhrvolumen in der Vertragslaufzeit kontinuierlich wachsen könnte, so dass die amerikanischen Produzenten Zeit hätten, sich an die neue Konkurrenz anzupassen. Auf diese Weise vermied die USA einen handelspolitischen Sündenfall und brauchte die Einfuhr nicht zu beschränken. Japan konnte zugleich auf einen moderaten Anstieg seiner Exporte hoffen und vermied die andernfalls nach dem Schutzklauselparagraph XIX des GATT legitimen noch härteren Restriktionen. Die EWG trat 1962 in das Abkommen ein, das in den Folgejahren auf immer mehr Länder und Produktkategorien ausgedehnt wurde. Im schließlich

1974 geschlossenen „Multi-Fibre-Abkommen" (MFA) waren nicht mehr nur Baumwolltextilen, sondern sämtliche natürliche und synthetische Fasern eingeschlossen. Neben Japan hatten 20 weitere wichtige Textilexportländer das Abkommen unterzeichnet. Die EG und die USA unterzeichneten als wichtigste Textilimporteure. 70 % der Textileinfuhr in die USA unterlagen damals Selbstbeschränkungsabkommen. Das MFA wurde immer wieder verlängert und galt in veränderter Form bis 2005.[50]

Selbstbeschränkungsabkommen gab es aber nicht nur im Textilsektor, sondern auch in zahlreichen anderen Branchen, in der Elektroindustrie und der Automobilindustrie beispielsweise. Anfang der 1980er Jahre wurden offiziell 236 Selbstbeschränkungsabkommen gezählt und der GATT-Geschäftsführer Arthur Dunkel meinte 1982 voller Frustration, dass die größte Gefahr für das GATT nicht ein Handelskrieg sei, sondern dass die Mitglieder das Abkommen einfach ignorierten. Die zahlreichen NTB, die in den USA 1984 existierten, belasteten die Einfuhr mit insgesamt 26 Mrd. Dollar, so eine zeitgenössische Berechnung von Ökonomen, was einem Einfuhrzoll von 49 % entsprochen hätte, während der messbare „durchschnittliche Zollsatz" nur 7 % betrug.[51]

Das Welthandelsabkommen stand am Ende der 1970er Jahren tatsächlich am Abgrund. Zwar waren in den klassischen Feldern der Handelspolitik Erfolge erzielt worden. Aber diverse nationale Sonderbestimmungen machten diese Erfolge zunichte, ohne dass die GATT-Bürokratie, die sich weiterhin dem Freihandel verschrieben hatte, hie-

---

[50] Aggarwal, *Liberal protectionism*, 1985; Rivoli, *The Travels of a T-Shirt in the Global Economy*, 2009.

[51] Irwin, *Clashing over Commerce*, 2017, 615.

ran etwas hätte ändern können. Sanktionen griffen nicht; Länder drohten andernfalls unverhohlen mit dem Austritt aus dem GATT.

Anfang der 1980er Jahre war nicht einmal sicher, ob überhaupt eine neue Welthandelsrunde angegangen werden sollte. Es dauerte letztlich bis zum Oktober 1986, bis sich die GATT-Mitglieder in Punta del Este einigten, die „Uruguay-Runde" zu beginnen. Dem vorausgegangen waren mehrere „informelle Treffen" der Handelsminister, auf denen insbesondere die Bundesrepublik versuchte, die Akteure mit einer „Reusentaktik" (wie der Unterhändler Lorenz Schomerus es nennt) unumkehrbar in Richtung Freihandel zu manövrieren, während „die Protektionisten" in den Verhandlungen „Sprengsätze" einschmuggelten, die bei passender Gelegenheit öffentlichkeitswirksam gezündet wurden, um den erfolgreichen Abschluss der Uruguay-Runde zu hintertreiben. Während bei den offiziellen GATT-Verhandlungen in Genf der Außenkommissar der EG wegen der Konflikte im 113er-Ausschuss sehr defensiv agieren musste, koalierte die Delegation der Bundesrepublik (die EG-Mitglieder waren stets mit eigenen nationalen Delegationen vertreten) „konspirativ" mit Ländern wie Österreich oder Schweden, die dann die freihändlerischen Vorschläge einbrachten, auf die man sich in der EG nicht hatte einigen können.[52]

[52] Schomerus, Die Uruguay-Runde – Erfahrungen eines Chefunterhändlers, *Beiträge zum Transnationalen Wirtschaftsrecht* 19/2003. Die wichtige Rolle Deutschlands bei den Treffen von 27 Handelsministern kommt auch dadurch zum Ausdruck, dass sie zweimal in der BRD stattfanden (1985 in Ludwigsburg und 1987 in Konstanz), Poltisches Archiv des Auswärtigen Amtes, PA AA B201/131212: Informelles Handelsministertreffen in Konstanz, 4.11. 1987.

Die bundesdeutsche Delegation unter Wirtschaftsminister Martin Bangemann (bis 1989) verspürte dabei eine ganz besondere Verantwortung für die Durchsetzung des Freihandelsprinzips, weil das Land in hohem Maße vom Welthandel abhängig geworden sei. Es sei daher für die BRD noch viel wichtiger als für andere Länder, „der zunehmenden Aufweichung der GATT-Disziplin Einhalt zu gebieten sowie die GATT-Regeln den neuen weltwirtschaftlichen Verhältnissen (Wachstum des Dienstleistungssektors) anzupassen".[53] Auf dem „Europäischen Management-Forum" in Davos warb Bangemann für den Beginn einer neuen Welthandelsrunde: „Das Handelssystem darf nicht das Opferlamm für Probleme werden, die außerhalb des Handelsbereichs liegen", ein Hinweis darauf, dass viele Länder versuchten, währungspolitische Probleme und Staatsverschuldung mit protektionistischer Handelspolitik zu lösen. Er wandte sich gegen Selbstbeschränkungsabkommen und andere Formen des „managed trade", die er als „untaugliche aber gefährliche Versuche" interpretierte, „die verlorengegangene Politikautonomie wenigstens in Teilbereichen zurückzugewinnen". Er forderte eine Reform und die anschließend entschiedenere Durchsetzung der GATT-Regeln, die um obligatorische Streitschlichtungsverfahren ergänzt werden müssten, deren Ergebnisse dann auch bindend seien. Die „Welthandelsordnung muß zunehmend als umfassendere Weltallokationsordnung verstanden werden", die nicht ganze Wirtschaftssektoren wie Agrar, Textil und Stahl ausklammern dürfe und auch den Handel mit Dienstleistungen einschließen müsse. „Die Untergangspropheten

[53] Poltisches Archiv des Auswärtigen Amtes, PA AA B201/131212: Uruguay-Runde des GATT, 30.10.1987.

und Protagonisten einer ‚Neuen Weltwirtschaftsordnung‘, die ein vermeintliches Versagen der internationalen Spielregeln und Institutionen behaupten, dürfen und werden nicht recht behalten.“[54]

Eine eingehendere Untersuchung der Frage, ob es sich bei solchen Statements nicht eher um Lippenbekenntnisse des Wirtschaftsministers einer exportabhängigen Industrienation gehandelt hat, deren Außenwirtschaftspolitik selbst überwiegend interessegeleitet und höchstens selektiv freihändlerisch vorgegangen ist, würde den Rahmen dieses Beitrags sprengen. Bangemann selbst wechselte 1989 als Binnenmarktkommissar in die Europäische Union, um dort 1991 ein Selbstbeschränkungsabkommen zwischen der europäischen und der japanischen Automobilindustrie abzuschließen.[55] Im Bundeswirtschaftsministerium sprachen die handelspolitischen Experten seit den 1970er Jahren nicht mehr von einer unbeschränkt liberalen, sondern von einer „elastischen Außenwirtschaftspolitik“, in der sich Zollfreiheit und liberaler Handel mit Selbstbeschränkungsabkommen verbinden ließ.[56] Und ob das Projekt einer „Weltallokationsordnung“ noch als ein liberales angesehen werden kann, darüber lässt sich ebenfalls streiten.

Das Ergebnis der endlich 1994 abgeschlossenen „Uruguay-Runde“ des GATT bestand jedenfalls nicht in einer durchweg liberalen Marktordnung und schon gar nicht in

---

[54] Bundesarchiv B102/348147: What reform of the World Trading System is necessary to create a functioning world market and to fight back regionalism and bilateralism, Rede von Bangemann auf dem Davoser Wirtschaftsforum, 15.1.1986.

[55] Ballor, Liberalisation or Protectionism for the Single Market? European Automakers and Japanese Competition, 1985–1999, *Business History* 65 (2023), 302–328.

[56] Hesse, *Exportweltmeister* (Anm. 13).

einem Abbau von Ordnung.[57] Vielmehr zeigte sich auch hier die Verlagerung von Verhandlungsgeschehen in interessengeleitete globale Teilöffentlichkeiten, wie die Handelsministerkonferenzen, die „solidarischen Netzwerke freihändlerischer Experten" (Schomerus) und immer wieder auch in die OECD. Dort gewann schließlich auch eine neue Akteursgruppe an Bedeutung und Einflussmöglichkeiten, die Multinationalen Unternehmen.

V. Der Aufstieg der Multinationalen Unternehmen

1968 sorgte der amerikanische Betriebswirt, Raymond Vernon, mit einem Aufsatz in *Foreign Affairs* für Aufsehen. Unter der Überschrift „*Economic Sovereignty at Bay*" (zu deutsch etwa: „wirtschaftliche Souveränität auf Abstand") beschrieb Vernon den Aufstieg von Multinationalen Unternehmen (MNE) nach dem Zweiten Weltkrieg. Zwar sei „nichts beim Aufbau von Institutionen durch Menschen ohne Vorbild, aber das Multinationale Unternehmen kommt der Version einer Institution ohne jedes relevante Vorbild nahe".[58] Historisch solide ist diese Interpretation nicht, denn „Cluster von Unternehmen unterschiedlicher Nationalität, die durch Eigentumsverhältnisse und eine einheitliche Managementstrategie verbunden sind" (wie Vernon MNE definierte) hatten damals schon eine lange Tradition, in Europa aber auch in

[57] Falke, Einflussverlust: Der Export(vize)weltmeister im Welthandelssystem des 21. Jahrhunderts, in: Jäger/Höse/Oppermann (Hgg.), *Deutsche Außenpolitik*, 2011, 296–322.

[58] Vernon, Economic Sovereignty at Bay, *Foreign Affairs* 47 (1968), 110–122.

den USA.[59] Nach dem Zweiten Weltkrieg hatten sie aber in den USA nicht nur erheblich an wirtschaftlichem Gewicht zugenommen, was nicht zuletzt auf Aktivitäten in Europa zurückging. Es war auch das wissenschaftliche Interesse an ihnen geweckt worden und Vernon gehörte zu den Pionieren dieser Forschung.

Mit seinem Artikel (dem einige Jahre später ein viel zitiertes Buch folgte) stellte er vor allem die Frage der Souveränität in den Mittelpunkt. Durch die internationalen Aktivitäten von Unternehmen seien neue Formen der weltwirtschaftlichen Verknüpfungen entstanden, die sich strukturell der nationalstaatlichen Souveränität entzögen. Er beschreibt ein Nebeneinander eines „Systems von internationalen Organisationen" und eines „Systems der Nationalstaaten", die zunehmend in Spannung zueinander geraten werden. Um diese Spannung auszugleichen, schlug er die Entwicklung eines Regelsystems für MNE vor, das die Nationalstaaten nur in einer gemeinschaftlich koordinierten Aktion durchsetzen könnten. Und zugleich müssten die MNE freiwillige Verhaltensgrundsätze entwickeln, „codes of conducts", durch die allein sie einer sehr viel strengeren Regulierung durch die Nationalstaaten entgehen könnten.[60]

Vernons Überlegungen von 1968 hatten eine erstaunliche prognostische Substanz. Nicht nur nahm die Bedeutung der MNE im Verlauf der 1970er Jahre rasch zu. Hierbei spielten die Effekte der Währungsturbulenzen, des Rohstoffregimes und des Handelsprotektionismus zusammen. Die Regulierung der Einfuhr von Autos konnte

[59] Jones, *Multinationals and Global Capitalism*, 2005; Chandler/Mazlish (Hgg.), *Leviathans*, 2005.

[60] Vernon, Economic Sovereignty at Bay (Anm. 58), insb. 120–122.

beispielsweise umgangen werden, wenn die Autos als Bausätze exportiert und dann von einem Filialbetrieb im Zielland zusammengesetzt wurden. Diese gut bekannte Praxis des CKD-Exports („completely knocked down") wurde von deutschen Automobilunternehmen seit den 1980er Jahren immer mehr eingesetzt.[61] Die Aufspaltung Europas in einen EWG-Raum und einen EFTA-Raum seit 1959 führte zu einer wahren Gründungswelle von deutschen Tochterunternehmen in Österreich und Portugal.

Währungsschwankungen konnten umgangen werden, indem die Produktion ins Ausland verlagert wurde. Dabei half wiederum die Aufwertung der D-Mark, die Auslandsinvestitionen insbesondere im Dollarraum und in Dollar-bezogenen Regionen erleichterte. Manche Unternehmen, Christian Marx hat das für die Chemieindustrie gründlich untersucht,[62] jagten auch dem Auslandsbesitz nach, den sie gleich zweimal, nach dem Ersten und dem Zweiten Weltkrieg, verloren hatten – nicht immer mag diese Jagd wirtschaftlich vernünftig gewesen sein. Es war eine Mischung aus den spezifischen Einfuhrbestimmungen der potentiellen Absatzmärkte, der Notwendigkeit einer lokalen Marktpräsenz für die Steigerung des Absatzes und die Verbesserung der ausländischen Absatzstrukturen, die auch die bundesdeutschen Unternehmen seit den 1970er Jahren stark ins Ausland zogen und dabei zu Multinationalen Unternehmen werden ließ. Hinzu kam schließlich die staatliche Förderung ausländischer Direktinvestitionen.[63]

---

[61] Biss, *Die Internationalisierung der Bayerischen Motoren Werke AG*, 2017.

[62] Marx, *Wegbereiter der Globalisierung*, 2023.

[63] Hierzu Hesse, *Exportweltmeister* (Anm. 13), insb. 288–299.

Wiederum ist nachweisbar, dass die Bundesregierung diese Ausgestaltung der globalen Wirtschaftsordnung selbst vorantrieb. Mit der Förderung von Auslandsinvestitionen sollte die inländische Inflation gebremst und gleichzeitig der „deutsche“ Auslandsbesitz dem Standard einer modernen Industrienation entsprechend ausgebaut werden. Außerdem wurden einige deutsche Branchen (vor allem die Textilindustrie) nur dann für „lebensfähig“ gehalten, wenn es gelänge, die Produktionskosten dadurch wettbewerbsfähig herunterzudrücken, dass deutsche Unternehmen von niedrigen Arbeitskosten in Süd- und Osteuropa bzw. Asien profitieren. Man solle lieber das Kapital zu den Menschen bringen, anstatt die Menschen zum Kapital, hieß es in einer erstaunlich migrationsfeindlichen Äußerung des Außenhandelsbeirats beim Bundesminister für Wirtschaft noch vor der Ölpreiskrise und dem Anwerbestopp für „Gastarbeiter“.[64]

Neben kleinen Mittelständlern, die von einem weitgestreuten Netz an staatlichen Beratungs- und Finanzierungsagenturen angestachelt wurden, sich auf ausländischen Märkten zu versuchen – viele davon mit Erfolg – waren es vor allem Großunternehmen, die in den 1970er und 1980er Jahren begannen, sich nach Partnern und Übernahmekandidaten im Ausland umzuschauen. Im Vorfeld der Binnenmarkt-Akte der Europäischen Gemeinschaft kam es zu einer regelrechten M&A-Welle in Europa, für die die Übernahme des spanischen Staatskonzerns Seat durch den Volkswagen-Konzern 1986 nur die

---

[64] Bundesarchiv B102/139771: Vorteile und Gefahren personalkosten- und aufwertungsinduzierter Auslandsinvestitionen der deutschen Wirtschaft (Ad-hoc-Ausschuss des AHB), 6. März 1974. Das Gutachten datiert in der ursprünglichen Fassung vom 23.9.1973.

Spitze des Eisberges darstellt. Insgesamt zählt eine neuere Untersuchung 3500 „cross-border-mergers“ innerhalb der Länder der EG zwischen 1977 und 1993, wobei allein zwischen 1985 und 1993 854 Unternehmensübernahmen zwischen den Gründungsmitgliedern und den durch die beiden Erweiterungen 1973 und 1981 neu hinzu gekommenen EG-Mitgliedern verzeichnet sind.[65] Die von Vernon progonstizierte internationale Verflechtung jenseits staatlicher Strukturen wird hierin sichtbar. Die Auslandsbeteiligungen deutscher Unternehmen stiegen deutlich an. Lag der deutsche Anteil aller globalen ausländischen Direktinvestitionen (FDI) in den 1960er Jahren noch bei mageren 3 %, stieg er bis auf annähernd 13 % in den 1990er Jahren an und bewegte sich damit auf dem Niveau des imperialen Zeitalters vor dem Ersten Weltkrieg.[66]

Der Bedeutungszuwachs der MNE war von heftiger öffentlicher Kritik in vielen westlichen Industrieländern begleitet.[67] Die Sorge vor einer Monopolisierung auf internationaler Ebene – die Vernon noch für unbegründet gehalten hatte – vermischte sich dabei mit Diskussionen um eine zu starke Einflussnahme der „Giganten“ auf die Regierungen, beispielsweise in Entwicklungsländern.[68] Der mithilfe des CIA von der „United Fruit Corporation“

65 Mengaleeva, *The Effect of EU Expansion on Cross-border Mergers and Acquisitions Activity of European Companies*, MA-thesis, Bayreuth University 2022.

66 Daten von UNCTAD nach Hesse, *Exportweltmeister* (Anm. 13), 295.

67 Oliveiro, The United States, Multinational Enterprises and the Politics of Globalization, in: Ferguson u. a. (Hgg.), *The Shock of the Global*, 2010, 143–156.

68 Arndt, Jagdgründe für Elefanten. Gefährden die multinationalen Unternehmen den Wettbewerb und den freien Welthandel? *Die Zeit* Nr. 10/1973 v. 2.3.1973; BDI-Archiv, WV-18,1, Karton 621.

1954 in Honduras initiierte Staatsstreich ließ Böses ahnen. Die Unternehmen beobachteten die öffentliche Kritik sehr frühzeitig und stellten sich darauf ein. Der BDI gründete schon Anfang der 1970er Jahre auf Anregung von Arno Sölter einen Arbeitskreis „Multinationale Unternehmen“, in dem einerseits die besonderen betriebswirtschaftlichen und organisatorischen Probleme dieser Unternehmen besprochen werden sollten. Hierzu gehörte auch eine „Reform und Ausbau des internationalen Rechts, um besser den Bedürfnissen Multinationaler Unternehmen zu entsprechen“.[69] Andererseits ging es aber um die Beeinflussung der öffentlichen Meinung zugunsten der MNE, was auch die „Erarbeitung von Regeln für ein faires Verhalten“ einschloss.[70]

Solche „codes of conduct“ wurden schließlich von der OECD entwickelt, die 1973 ein „Business and Advisory Committee“ hierzu einsetzte, das bis 1976 „Guidelines for Multinational Enterprises“ ausarbeitete, die unter anderem den Grundsatz enthielten, dass sich MNE nicht in die Politik einmischen dürften. Auch wurde beispielsweise Bestechung geächtet.[71] Wenig später veröffentlichten die UN einen ähnlichen „Code of Conduct“. Aufschlussreich ist vor allem das Zustandekommen dieser Texte, die nämlich faktisch vollständig von den Multinationalen Unternehmen selbst verfasst worden sind. Weil die deutsche Über-

[69] BDI-Archiv, WV-18, Karton 621: Rationalisierungskuratorium der Deutschen Wirtschaft, an Sölter, Leiter der Abteilung Wettbewerbsfragen im BDI, 9.7.1969.

[70] BDI-Archiv, WV- 18, Karton 621: Sölter an Mitgliedsverbände, Aufruf zur Mitarbeit im AK „Multinationale Unternehmen“, 7.9. 1972.

[71] OECD, *Declaration by the Governments of the OECD Member Countries on Guidelines for Multinational Enterprises*, 1976.

lieferung hierzu kaum zugänglich ist, berufe ich mich auf die exzellente Studie von Sabine Pitteloud für die Schweiz. Schweizerische Unternehmerverbände befassten sich spätestens seit 1972 mit der Erstellung von Verhaltenskodizes für MNE und es war hierbei gelungen, die Vorsitzenden großer Chemieunternehmen selbst in die entsprechenden Arbeitsgruppen zu entsenden, Otto Neuheuser von Ciba-Geigy und Hans Schaffner von Sandoz (neben 10 anderen Vertretern schweizerischer Unternehmen). Mit großem Engagement kämpften sie dort gegen die kritischen Positionen von Sicco Mansholt, den Schaffner für einen „perfiden linken Extremisten" hielt, und Hans Matthöfer. Den ebenfalls an der Ausarbeitung der „Guidelines" beteiligten Ökonomen John Dunning, der später zum Nestor der globalen Forschung zu Multinationalen Unternehmen aufstieg, beschrieb Schaffner als vergleichsweise neutral und unternehmerfreundlich. Jedenfalls ist es wenig verwunderlich, dass die schweizerische Wirtschaft den schließlich veröffentlichten Guidelines vollmundig zustimmen konnte.[72]

Die 1976 noch sehr rudimentären „Guidelines" der OECD wurden anschließend mehrmals überarbeitet. Über die Mitarbeit der zwischenzeitlich sehr gut organisierten europäischen und globalen Unternehmerverbände lässt sich gegenwärtig nur spekulieren – sie wird aber kaum geringer geworden sein. Erst nach der Einrichtung von Nationalen Kontaktstellen 1984 – zu diesem Schluss kommt eine rechtshistorische Untersuchung – erhielten die „guidelines" größere Verbindlichkeit, weil nun ein Re-

---

[72] Pitteloud, Unwanted Attention: Swiss Multinationals and the Creation of International Corporate Guidelines in the 1970s, *Business and Politics* 22 (2020), 587–611.

gelsystem zur Einhaltung und Sanktion aufgebaut worden war.[73] Die Quintessenz für unsere Frage hier besteht aber in dem Befund, dass auf dem Feld der Multinationalen Unternehmen zum einen eine neue, äußerst einflussreiche Akteursgruppe aufkam, die aktiv an der Gestaltung der globalen Wirtschaftsordnung vor der zweiten Globalisierungswelle mitwirkte. Das passierte aber nicht in Konkurrenz oder gar im Gegensatz zu den nationalstaatlichen Akteuren, sondern vielmehr in Zusammenarbeit mit diesen. Lorenz Schomerus berichtete beispielsweise, dass in den Verhandlungen der Uruguay-Runde der entscheidende Durchbruch auf dem Gebiet der Landwirtschaft von einem großen internationalen Getreidehändler stammte.[74] Die Rolle der Großbanken bei der Ausgestaltung des globalen Währungsregimes konnte in einigen Fällen ebenfalls gezeigt werden.[75] Zum anderen ist zu konstatieren, dass sich ähnlich wie bei den anderen Themenfeldern auch in diesem Gebiet die Verhandlungen aus den global inklusiven Internationalen Organisationen heraus verlagert haben, zur OECD, in Expertenzirkel und die Multinationalen Unternehmen selbst. Das war aber kein Prozess, in dem Nationalstaaten vom entfesselten Kapitalismus und seinen Großunternehmen überrannt worden wären, sondern sie betrieben und gestalteten diesen Prozess selbst mit.

---

[73] Van ’t Foort, The History of National Contact Points and the OECD Guidelines for Multinational Enterprises, *Rechtsgeschichte – Legal History* 25 (2017), 195–214.

[74] Schomerus, Die Uruguay-Runde (Anm. 52), 9.

[75] Altamura, *European Banks and the Rise of International Finance after Bretton Woods (1973–1982)* (Anm. 31).

VI. Zusammenfassung: Die Bundesrepublik im Globalisierungsparadox

Der amerikanische Handelsökonom Dani Rodrik publizierte 2011 ein viel gelesenes und zitiertes Buch über ein vermeintliches „Globalisierungsparadoxon“. In Fortschreibung des Mundell-Flemming-Trilemmas behauptete Rodrik, dass Nationalstaaten von den drei Zielen: nationalstaatliche Souveränität, ökonomische Globalisierung und Demokratie nur jeweils zwei gleichzeitig erreichen könnten. Sofern die demokratische Willensbildung aufrecht erhalten werden und zugleich eine nationalstaatliche Souveränität Bestand haben sollte, müssten die Staaten das Ausmaß der ökonomischen Globalisierung zurückführen, so Rodriks Schlussfolgerung.[76] Die von Multinationalen Unternehmen forcierte globale Wirtschaftsordnung schien Rodrik als so übermächtig, dass sie entweder die nationalstaatliche Souveränität einschränken würde, insbesondere die Möglichkeit einer sozialstaatlichen Interventionspolitik. Oder aber demokratische Entscheidungsprozesse würden durch die Lobbyaktivitäten und den politischen Einfluss der Großunternehmen langfristig ausgehöhlt.

Der Text atmete den Zeitgeist der Lehman-Krise und der danach aufflammenden Globalisierungskritik, für die er wichtige Argumente lieferte. Auch wenn er die Gefahren der ökonomischen Globalisierung sicher zutreffend beschreibt, so ging er doch von einer Komplexitätsreduktion aus, die aus historischer Sicht schon damals kaum zutreffend war. Denn nationalstaatliche Souveränität und ökonomische Globalisierung entwickelten sich im Verlauf

---

[76] Rodrik, *Das Globalisierungs-Paradox*, 2011.

der „zweiten Globalisierungswelle“ seit den 1970er Jahren keineswegs als Antipoden, sondern als Komplementäre – hierauf hat der vorliegende Beitrag am Beispiel der Bundesrepublik hinzuweisen versucht.[77] Eine vollständige Autonomie von Wirtschaft und Staat gibt es höchstens innerhalb eines wirtschaftstheoretischen Purismus oder bei bestimmten politikwissenschaftlichen Schulen. Tatsächlich ist Wirtschaft ohne einen rechtssetzenden Staat ebenso wenig denkbar wie ein Staat ohne wohlstandsgenerierende Wirtschaft, sowohl auf nationaler, aber auch auf globaler Ebene.

Bei der ökonomischen Globalisierung seit den 1970er Jahren handelte es sich dagegen um die Transformation einer globalen Wirtschaftsordnung, bei der Staaten und Unternehmen zusammenwirkten. Nationalstaaten gestalteten im Verbund oder gruppenweise eine Ordnung für globales ökonomisches Handeln aus und zugleich setzten Multinationale Unternehmen Regeln für ihr eigenes, überstaatliches wirtschaftliches Handeln. Diese sich überlappenden Ordnungen standen nicht etwa in Konkurrenz zueinander und schlossen sich gegenseitig aus, sondern es konnte im Gegenteil an diversen Beispielen gezeigt werden, dass die Ordnungen kollaborativ entwickelt und ausgestaltet wurden.

Das Ineinandergreifen von privatwirtschaftlicher Regelgestaltung und der Rechtssetzung durch Internationale Organisationen, deren Ergebnis später in nationales Recht überführt wurde, ist geradezu charakteristisch für die Globalisierungswelle am Ende des 20. Jahrhunderts. Auf der Grundlage dieses komplexen Regelsystems erhielt die

[77] Siehe hierzu auch allgemein den schönen Text des Soziologen Werron, *Der globale Nationalismus*, 2018.

globale Arbeitsteilung eine Stabilität und Zuverlässigkeit, durch die globale Wertschöpfungsketten etabliert werden konnten, d. h. arbeitsteilige grenzüberschreitende Produktionsprozesse, zu deren Durchführung Vor- und Zwischenprodukte weite Entfernungen zwischen den unterschiedlichen Produktionsstandorten der nächsten Verarbeitungsstufe zurücklegen mussten und auch zuverlässig konnten. Der Joghurt im Supermarkt um die Ecke enthält seitdem seine Kulturen von einem anderen Kontinent als die Milch und die Verpackung; die Jeanshose ist in ihren Einzelteilen um die Welt gereist, bevor sie am Körper des Benutzers landet; die Transportwege der 2700 Einzelteile eines VW-Golf dürften selbst für Volkswagen-Manager zwischenzeitlich undurchschaubar sein und sie führen für viele Modelle des Konzerns nicht mehr nach Wolfsburg, sondern in andere der zahlreichen Fabriken, die das Unternehmen in allen Teilen der Welt betreibt. Diese Form der weltwirtschaftlichen Arbeitsteilung ist das Ergebnis der ökonomischen Globalisierung seit den 1970er Jahren.[78] Sie erklärt einen Großteil der Zunahme des weltweiten Handels und des Güterverkehrs und sie wäre ohne eine stabile Ordnung der Weltwirtschaft nicht möglich gewesen.

Die drastische Zunahme der weltwirtschaftlichen Arbeitsteilung hat natürlich auch ihre Schattenseiten – wer wollte das bestreiten: ökologische Folgekosten, die Aufweichung von Arbeits- und Sozialstandards, die viel zu große Einflussnahme von Großunternehmen auf politi-

---

[78] Siehe hierzu auch: Feenstra, Integration of Trade and Disintegration of Produktion in the Global Economy, *Journal of Economic Perspectives* 12 (1998), 31–50; Baldwin, *The great convergence: information technology and the new globalization*, 2016; Levinson, *Outside the Box*, 2020.

sche Entscheidungsprozesse und schließlich einen globalen Steuerwettbewerb und die Privatisierung von Gewinnen in Steueroasen bei Verschiebung der Verluste auf die öffentlichen Hände. Hinzu kommt die deutliche Zunahme von Abhängigkeiten und Risiken, auf die Dani Rodrik zu Recht aufmerksam machte und die heute durch geopolitische Risiken, die noch vor zehn Jahren unvorstellbar waren, vergrößert worden sind. All diese Schwierigkeiten sind aber nicht etwa dadurch entstanden, so macht eine differenzierende historische Analyse deutlich, dass eine marktwirtschaftliche oder gar „kapitalistische“ Ordnung gegen den Widerstand von souveränen Nationalstaaten und deren Bürgern durchgesetzt wurde. Vielmehr wirkten demokratisch gewählte legitime Regierungen und Beschäftigungsmöglichkeiten generierende Unternehmen bei der Ausgestaltung der Weltwirtschaftsordnung zusammen.

Form follows competition

Rechtsformen für multinationales unternehmerisches Handeln im Standortwettbewerb*

Jan Thiessen

I. Was haben Margarete Steiff und Elon Musk gemeinsam?

Unternehmen haben keine Rechte. Multinationale Unternehmen haben erst recht keine Rechte. Das behaupte ich jetzt einfach mal so. Wovon handelt dann der Beitrag von *Jan-Otmar Hesse* in diesem Band des Arbeitskreises Rechtwissenschaft und Zeitgeschichte?[1] Die Antwort ist einfach. Nur ein Jurist kann behaupten, Unternehmen hätten keine Rechte. Aber auch dazu sind wir ja hier versammelt: damit Juristen den Historikern seltsame Dinge erzählen.

Dazu am Anfang eine (wohl erfundene) berufsspezifische Anekdote: Wir befinden uns in einer juristischen Staatsprüfung. Der Prüfer sagt: Schauen Sie aus dem Fenster. Die Prüflinge schauen aus dem Fenster und sie sehen alles Mögliche: ein benachbartes Haus, eine Straße, Autos auf der Straße, Menschen natürlich auch, den einen oder

* Die Vortragsform wurde beibehalten.

[1] In diesem Band S. 31 ff.

anderen Baum, was noch ... Der Prüfer unterbricht: Nein, wenn Sie aus dem Fenster einer juristischen Staatsprüfung schauen, dann sehen Sie nicht Häuser, Straßen, Autos, Menschen und Bäume, sondern Sie sehen: Personen und Sachen.

Und damit sind wir bei der Lösung unseres Rätsels. Unternehmen sind keine Personen. Sie sind auch nicht so etwas wie Sachen, aber immerhin bestehen sie wenigstens zum Teil aus Sachen, aus beweglichen oder unbeweglichen Sachen, Maschinen, Warenvorräten, Grundstücken mit Fabrikgebäuden, Sachen eben, daneben aber aus Vertragsbeziehungen, etwa zu Lieferanten, zu Kunden, natürlich zu Arbeitnehmern, aus immateriellen Gegenständen wie etwa dem Goodwill des Unternehmens oder dem Know-how, das wiederum in Rechten bestehen kann, etwa wenn etwas patentiert ist. Das Unternehmen ist also ein Sammelsurium aus Sachen, Rechten und anderen metaphysischen Dingen. Jedenfalls aber: Das Unternehmen ist keine Person.

Wer ist dann aber eine Person? Unternehmer sind Personen. Margarete Steiff war eine Person. Elon Musk ist eine Person. Steiff und Tesla sind multinationale Unternehmen, die mit Personen wie Margarete Steiff oder Elon Musk verbunden sind.

Nun ist Margarete Steiff bereits seit mehr als 100 Jahren tot. Dass einem Petsy-Bären ein multinationales Unternehmen gehört, dürfen wir ausschließen. Margarete Steiff hatte drei Neffen, wie Donald Duck. Diese leben auch seit Langem nicht mehr, aber sie haben mit ihrer Tante im Jahr 1906 eine Gesellschaft mit beschränkter Haftung gegründet, eine GmbH.[2] Und nach mehreren Metamorpho-

[2] Gesellschaftsvertrag vom 30.5.1906, dem Verfasser dankenswerterweise zur Verfügung gestellt von der Geschäftsführung der Steiff Beteiligungsgesellschaft mbH.

sen gibt es diese GmbH heute noch, ebenso eine (andere) GmbH unter der alten Firma.[3] Diese GmbHs tragen das Unternehmen Steiff.

Elon Musk lebt noch. Manchmal ist er in Deutschland, aber dass er vor lauter Twitter-Käufen, Raketenstarts und kettensägender Politikberatung noch Zeit und Nerven hat, den Aufbau und Ausbau der Tesla Gigafactory Berlin-Brandenburg zu beaufsichtigen, ist unwahrscheinlich. Das allein würde ihn nicht hindern, die Person hinter der Tesla Gigafactory Berlin-Brandenburg zu sein. Mittelbar ist er das auch. Aber unmittelbar? Die Tesla Gigafactory Berlin-Brandenburg wird betrieben von der Tesla Manufacturing Brandenburg SE mit Sitz in der Tesla-Straße 1 in 15537 Grünheide in der Mark Brandenburg. Die Tesla Manufacturing Brandenburg SE sitzt zwar in Grünheide, wie immer sie das macht, das Sitzen, aber sie tut das in der Rechtsform einer Europäischen Gesellschaft, gebildeter ausgedrückt: *Societas Europaea*. Die *Societas Europaea* ist nicht der neue Name für das Gemeinsame Haus Europa, sondern die Bezeichnung und der mit SE abgekürzte Firmenzusatz für eine juristische Person, eine supranationale Rechtsform nach EU-Recht. Elon Musk ist eine natürliche Person, die Tesla Manufacturing Brandenburg SE ist eine juristische Person, und zwar eine europäische (Aktien-)Gesellschaft. Als solche ist sie in das Handelsregister des Amtsgerichts Frankfurt (Oder) eingetragen, und zwar unter der Nummer HRB 18107 FF. Sie hat durch

[3] Amtsgericht Ulm, HRB 660412, gegründet 1980. Die ursprüngliche GmbH von 1906 wurde 1981 in Steiff Beteiligungsgesellschaft mbH umfirmiert, historischer Abdruck des Registerblatts beim Amtsgericht Heidenheim an der Brenz, HRB 11, und wird heute geführt beim Amtsgericht Ulm, HRB 660011.

Satzung vom 27. August 2019 das Licht der Welt erblickt, aber nicht in Grünheide, sondern in Düsseldorf und nicht unter ihrem heutigen Namen, sondern als „Atrium 175. Europäische VV SE", die dann ihren Namen – ihre Firma – änderte in Tesla Manufacturing Brandenburg SE. Letztere ist also in das leere Schneckenhaus einer als Vermögensverwaltungsgesellschaft gegründeten SE gezogen, das sie zunächst nach Brandenburg an der Havel mitgenommen hat. Danach ist sie noch einmal umgezogen, einmal um Berlin herum, das war am 4. August 2020. Und sie ist keine GmbH, was sie ohne Weiteres sein könnte, aber eine unternehmenstragende Gesellschaft. Schauen wir ins digitale Handelsregister, das ist seit 2022 kostenlos, wir danken dem Digitalisierungsrichtlinieumsetzungsgesetz DiRUG[4], früher kostete der Blick ins Handelsregister pro aufgerufenem Dokument 4,50 Euro, das klingt nicht viel, läppert sich aber, noch früher hätten wir einen Praktikanten zum Amtsgericht geschickt, um sich durch Karteikästen zu wühlen. Also: Schauen wir ins Handelsregister, dann lesen wir noch etwas:

Es besteht ein Beherrschungsvertrag vom 21.11.2022 mit der Tesla, Inc. mit Sitz in Wilmington, Delaware/USA, eingetragen im Secretary of State of Delaware unter der Nummer 3677166, dem die Hauptversammlung durch Beschluss vom 21.11.2022 zugestimmt hat.

Na dann. Wenn es im Handelsregister steht. Eigentlich wissen wir jetzt schon alles, was wir wissen müssen. Lassen wir also das Handelsregister für einen Moment Handelsregister sein.

---

[4] Gesetz zur Umsetzung der Digitalisierungsrichtlinie (DiRUG) vom 5. Juli 2021, BGBl. I 2021, 3338.

II. Was tut ein Unternehmen?

Ein Unternehmen tut nichts, ein Unternehmer tut etwas. Ein kleiner rechtsvergleichender Blick zu unseren Nachbarn im Süden hilft, dann sind wir schlauer. § 1 Abs. 1 des Unternehmensgesetzbuchs für die Republik Österreich sagt uns: „Unternehmer ist, wer ein Unternehmen betreibt." Wer das für tautologisch hält, schaue bitte in § 3 Abs. 1 der deutschen Baunutzungsverordnung, meine Lieblingsnorm im deutschen Recht: „Reine Wohngebiete dienen dem Wohnen." Also: „Unternehmer ist, wer ein Unternehmen betreibt." Was ist ein Unternehmen? § 1 Abs. 2 des österreichischen Unternehmensgesetzbuchs sagt: „Ein Unternehmen ist jede auf Dauer angelegte Organisation selbständiger wirtschaftlicher Tätigkeit, mag sie auch nicht auf Gewinn gerichtet sein." Und damit wir nicht in Verdacht geraten, ganz ewig gestrig zu sein, sei noch § 1 Abs. 3 des österreichischen Unternehmensgesetzbuchs zitiert: „Soweit in der Folge der Begriff des Unternehmers verwendet wird, erfasst er Unternehmerinnen und Unternehmer gleichermaßen." Wobei das identitätspolitisch nicht auf der Höhe der Zeit ist, zumal das Vorbild dieses Gestern auch schon zweitausend Jahre alt ist – „Verbum hoc ‚si quis' tam masculos quam feminas complectitur."[5] Warum aber Österreich? Der Grund ist: In Deutschland ist das alles ganz genau so, bloß nicht so klar formuliert; da ist noch antiquiert von „Kaufmann" und „Handelsgewerbe" die Rede. Der Hamburger Rechtsprofessor Karsten Schmidt, Nestor und Matador des modernen Unternehmensrechts, hatte nämlich mehr Einfluss

[5] Ulpian, Dig. 50,16,1.

auf die Gesetzgebung in Österreich als auf die in Deutschland.[6] Aber das ist eine andere Geschichte. Wir können stattdessen auch in den *Code de commerce* schauen, die Ur-Wala der europäischen Handelsgesetzbücher aus dem Jahre 1807. *Commerçants* sind Leute, die es zu ihrer *profession habituelle* gemacht haben, *commerce* zu treiben.[7]

Commerce betreibt man, indem man kauft und verkauft, vermietet, vermittelt, produziert und vieles andere. Um dies alles zu tun, muss man investieren. Wer investiert, setzt eigenes Geld ein, setzt fremdes Geld ein, erwirbt Grundstücke, macht Schulden, gibt Banken Sicherheiten. Es liegt auf der Hand, dass dieses Geld, diese Grundstücke, diese Schulden, diese Sicherheiten irgendwem gehören müssen. Es geht also um Güterzuordnung. Die Güter sind in unseren Fällen einem Unternehmer zugeordnet – nicht dem Unternehmen – und der Unternehmer ist in aller Regel Unternehmerin, nämlich eine Gesellschaft. Wir sprechen hier von Unternehmensträgern, also Rechtssubjekten, denen die Güter zugeordnet sind, insbesondere also Einzelunternehmern oder Gesellschaften.

Egal ob Einzelunternehmer oder Gesellschaft: Für das Tätigwerden an einem anderen Ort als dort, wo man schon immer war, muss man irgendwie vor Ort sein. Nur wie? Unsere Unternehmensträger können eine Zweigniederlas-

---

[6] Schmidt, Wozu noch Handelsrecht? – Vom Kaufmannsrecht zum Unternehmensrecht, *Juristische Blätter* 6 (1995), 341–351; Krejci/Schmidt, *Vom HGB zum Unternehmergesetz*, 2002; Schmidt, Das Handelsrechtsreformgesetz, *Neue Juristische Wochenschrift* 51 (1998), 2161–2169.

[7] Art. 1 Code de commerce 1807, heute Art. L121-1: „Sont commerçants ceux qui exercent des actes de commerce, et en font leur profession habituelle."

sung eröffnen. Unternehmensträger vor Ort ist man dann immer noch selbst. Oder sie gründen eine Tochtergesellschaft, ein anderes Rechtssubjekt, auf das sie aber Einfluss haben. Zweigniederlassung oder Tochtergesellschaft, beides ist möglich. Unternehmen leben aber nicht in einem rechtsfreien Raum. Und multinationale Unternehmen sind nicht extraterritorial. Es liegt nahe, dass Zweigniederlassungen oder Tochtergesellschaften ausländischer Unternehmen inländischen Rechtsvorschriften unterliegen. Man muss sich das so vorstellen, als ob man mit einem ausländischen Führerschein in Deutschland fährt und die deutsche Straßenverkehrsordnung zu beachten hat – oder mit einem deutschen Führerschein im Ausland. Meistens ist das problemlos möglich, vorausgesetzt, der jeweilige Führerschein wird im jeweiligen Ausland als gültig anerkannt. Aber eigentlich soll man gar nicht mehr mit dem Auto fahren. Daher ein anderes Beispiel: Man möchte mit einem ausländischen Berufsabschluss im Inland tätig werden (oder mit einem inländischen Berufsabschluss im Ausland). Das ist schon schwieriger: die Anerkennung von Berufsabschlüssen, insbesondere die Anerkennung der Gleichwertigkeit von Berufsabschlüssen, kann den Betroffenen große Sorgen bereiten. Am Beispiel der Anerkennung von Berufsabschlüssen sieht man aber, worum es geht: Es geht um Freiheiten, nämlich die Freiheit, zu sein, was man will, und dies zu sein, wo man es will, am besten noch, wie man es will. Multinationale Unternehmen wollen überall sie selbst sein, das heißt ihre Unternehmensträger wollen das, und die nationalen Rechte fragen nach einer bestimmten Art von Gleichwertigkeit, manche jedenfalls, früher jedenfalls.

III. Wer hat das beste Recht?

Was die Wirtschaft nach dem Bericht von *Jan-Otmar Hesse* seit den späten 1960er Jahren umtreibt, ist für das Recht scheinbar erst seit den 1990er Jahren ein Thema. Scheinbar deshalb, weil das Bedürfnis, überall man selbst sein zu wollen, natürlich älter ist. Aber Juristen sind immer später dran als andere. Denken wir an das Thema der Arbeitskreistagung von 2022. Nach 1990 gab es aus gegebenem Anlass zwar intensive Verfassungsdebatten, nur geändert hat sich zunächst wenig, dann zwar einiges, aber doch um einiges später und um einiges weniger als von manchen Akteuren erhofft.[8] So ist es auch mit Rechtsformen für multinationale Unternehmensträger. Unser Band beginnt 1973 und endet eigentlich 2000, beginnt also beim Ölpreis, der auch ohne das Ende von Bretton Woods nicht mehr verlässlich zu bezahlen ist, so dass erst Thatcher und dann aber Schröder und Blair auf den Plan treten – und dann geht es los, wie so manches, nur anders, als wir lange Zeit gedacht haben.[9] Und das soll die juristische Selbstgewissheit erschüttert haben – besser spät als nie? Wie lange machen Unternehmer so etwas mit – so lange zu warten? Ohne zu gehen? Oder von Anfang an wegzubleiben?

Mit dem Fall des Eisernen Vorhangs war die zwei Jahrzehnte lang betriebene Öffnung der berüchtigten

---

[8] Jestaedt, Verfassungsentwicklung in Permanenz. Zur Einordnung der Bemühungen um eine gesamtdeutsche Verfassung 1989–1994, in: Brückweh (Hg.), *Die Wiederbelebung eines „Nicht-Ereignisses"*, 2024, 205 (209 ff.).

[9] Doering-Manteuffel/Raphael, *Nach dem Boom*, 2012, 26 ff., 53 ff., 65 ff., allerdings in vielem hinterfragt von *Hesse* in diesem Band, S. 31 ff.

„Deutschland AG" besiegelt, das heißt der engen personellen und kapitalmäßigen Verflechtung deutscher Großunternehmen, deren Fäden gelöst und international neu verknüpft wurden.[10] Ebenso wie *Jan-Otmar Hesse* streife ich ein Thema nur, nämlich die Öffnung der Kapitalmärkte, also deren Deregulierung und Neuregulierung, die Entdeckung der Kapitalverkehrsfreiheit im europäischen Primärrecht – alles aus dem nachvollziehbaren Grund, dass man dann, wenn man mit Beteiligungen an Unternehmen mehr Geld verdient als mit der Gründung eines eigenen Unternehmens, eben genau dies tut: sich mit Kapital an Unternehmen – Unternehmensträgern – zu beteiligen. Über Kapitalmärkte möchte ich vor allem deshalb nicht viel sagen, weil Kapitalmarktrecht ein furchtbares Rechtsgebiet ist, bei dem kein Paragraph kürzer als eine A4-Seite ist. Für uns entscheidend ist aber auch gar nicht, wer wie transparent sein soll, wer an wem beteiligt ist oder was Kapitalanleger über die Unternehmen wissen sollten, an denen sie beteiligt sind, sondern die Frage, nach welchen Regeln die Unternehmen betrieben werden, an denen wer auch immer beteiligt ist. Und hier ist nicht so sehr die Kapitalverkehrsfreiheit die Grundfreiheit, die uns am meisten interessiert.

Damit bin ich nun endlich beim eigentlichen Thema. Beim Thema Freiheit denken viele Juristen und Historiker vielleicht an Grundrechte wie Meinungs- oder Versammlungsfreiheit, natürlich auch Wissenschaftsfreiheit. Ganz eng verbunden mit dem Freiheitsverständnis, wie es seit 1957 in Deutschland und Europa gepflegt wird, ist aber die Freiheit des Wettbewerbs. In der Wirtschaft darf

---

[10] Ahrens/Gehlen/Reckendrees (Hgg.), *Die „Deutschland AG"*, 2013; Ahrens/Bähr, *Jürgen Ponto*, 2013, 127 ff.

jeder etwas anderes machen als der andere, aber es darf auch jeder dasselbe machen wie der andere, nur besser und/oder billiger. Wohin das geführt hat und warum, ist auch von einem Mitautor dieses Bandes an anderer Stelle beschrieben worden.[11] Nun ging es aber nicht mehr allein darum, dass der Staat sich aus allem zurückziehen und die Wirtschaft machen lassen sollte, was sie wollte, wie es das vielbeschworene Narrativ des Neoliberalismus suggeriert. Sondern der Staat selbst (ebenso der europäische Staatenverbund) sollte (und wollte) in den Wettbewerb mit anderen Staaten treten, und zwar auf dem Feld, auf dem er besonders aktiv ist, und das ist die staatliche (und supranationale) Rechtsetzung. Nicht überraschend bestand eine denkbare und diskutierte Lösung darin, dass derjenige Staat am besten ist im Wettbewerb, der am wenigsten tut, am wenigsten stört, am wenigsten Regeln aufstellt, so dass alle Staaten darum kämpfen sollten, wer am besten und am wenigsten stört. Dann könnte man auch gleich sagen, der Staat solle sich aus allem zurückziehen, weil er es nicht kann. Der Staat zog und zieht sich aber nicht aus dem Regelmachen zurück, was sollte er auch sonst tun.

Damit komme ich zu einigen Autoren, die sich mit dem Konzept des „Wettbewerbs der Rechtsordnungen" beschäftigt haben. So schrieb Phedon Nicolaides 1992 über die „Competition Among Rules" in einer Zeitschrift, die „World Competition" heißt mit dem Untertitel „Law and Economics Review". Er schrieb in ökonomischen Kategorien über „Marktversagen", etwa durch „natürliche Monopole", „ruinösen Wettbewerb", „externalisierte

[11] Schweitzer/Patel, EU Competition Law in Historical Context. Continuity and Change, in: Patel/Schweitzer (Hgg.), *The Historical Foundations of EU Competition Law*, 2013, 207–230.

Effekte“ und „asymmetrische Information“, kam aber zu dem Schluss, dass der „Markt für rechtliche Regeln“ funktioniert und die effizientesten rechtlichen Regeln hervorbringt. Er zog daraus den vielleicht überraschenden Schluss, dass die einzelstaatlichen Regulierer die effizienteste Lösung auch dadurch erreichen könnten, dass sie sich untereinander auf die effizienteste Lösung proaktiv einigen.[12] Woher sollten nun Staatenlenker oder nationale Gesetzgeber die effizienteste Lösung kennen? Klar – von den Ökonomen. Phedon Nicolaides war bei Erscheinen des Beitrags Senior Lecturer am European Institute of Public Administration in Maastricht, wo er heute Professor of Economic Law ist. Und er ist doppelt qualifiziert in Law and Economics, was man nicht von jedem sagen kann, der sich zu beidem äußert.

So ist Anthony Ogus, ein anderer auf diesem Gebiet aktiver Autor, emeritierter Professor of Law an der University of Manchester und der Erasmus-Universität Rotterdam. Bei Erscheinen seines hier herangezogenen Beitrags war er zusätzlich zu seiner Stellung in Manchester Research Professor an der Universität Maastricht, hatte also zumindest eine räumliche Nähe zu Nicolaides. Ogus unterzog die Formulierung rechtlicher Regeln einer „Ökonomischen Analyse des Rechts“. Er behandelte Recht ähnlich einer Ware oder Dienstleistung, indem er das Recht in homogene oder heterogene Produkte unterteilte, wobei für erstere eine Harmonisierung rechtlicher Regeln leichter falle als für letztere. Dabei meinte er, dass man größere Teile des Gesellschaftsrechts, also das Recht unserer Unternehmensträger, harmonisieren, also weiter homo-

---

[12] Nicolaides, Competition Among Rules, *World Competition. Law and Economics Review* 16 (1992), 113–121.

genisieren könne, was er damit belegte, dass dies schon immer so gewesen sei – schließlich sei ganz Europa im späten 19. Jahrhundert dem englischen Vorbild gefolgt. Dagegen könnten die nationalen Gesetzgeber im Deliktsrecht mit gutem Grund abweichende Regelungsziele mit abweichenden Lösungen verfolgen. Bemerkenswert ist der Befund, dass Geschichtswissenschaft, Anthropologie und Soziologie herangezogen würden, um den Zusammenhang der Sozial- und Wirtschaftsordnung mit der Entwicklung rechtlicher Prinzipien zu untersuchen, während die ökonomische Theorie weithin ignoriert werde.[13]

Man kann Wege der Rezeption von Konzepten nicht immer verfolgen, und so weiß ich nicht, ob der Generalanwalt des Europäischen Gerichtshofs Antonio La Pergola den Beitrag von Nicolaides kannte, als er auch in der deutschen Fassung seines Antrags die von Nicolaides verwendete englische Formulierung einflocht: „Solange eine Harmonisierung fehlt, muß letztlich der Wettbewerb zwischen den normativen Systemen (‚competition among rules') unbehindert zum Zug kommen, selbst im Recht der Handelsgesellschaften". Hierbei stützte sich La Pergola auch auf juristische Literaturstimmen, ohne dass ich Nicolaides dort gefunden hätte, obwohl es von Maastricht nach Luxemburg nicht allzu weit ist.[14] Gegenüber Professoren hatte der italienische Politiker und Jurist La Pergola aber einen Wettbewerbsvorteil: Er war eben Generalanwalt am Europäischen Gerichtshof und Laien wie ich glauben,

---

[13] Ogus, Competition between National Legal Systems: A Contribution of Economic Analysis to Comparative Law, *International and Comparative Law Quarterly* 48 (1999), 405–418.

[14] Schlussanträge des Generalanwalts Antonio La Pergola v. 16.7. 1998, Slg. 1999, I-1479 zu EuGH, Urt. v. 9.3.1999, Rs. C-212/97, Slg. 1999 I-01459 – Centros Ltd./Erhvervs- og Selskabsstyrelsen.

was man oft hört, dass nämlich der Europäische Gerichtshof gern übernimmt, was der Generalanwalt vorher aufgeschrieben hat. Hinzu kommt, dass die Generalanwälte ökonomische Zielsetzungen klarer artikulieren als der Gerichtshof.[15] Die zitierte Passage von La Pergola übernahm der Gerichtshof zwar nicht, wohl aber das Ergebnis.

La Pergola hielt hier ein Plädoyer für eine weite Auslegung der europäischen Niederlassungsfreiheit, die von nationalen Gesetzgebern nicht mit Blick auf abstrakte Ziele präventiv eingeschränkt werden dürfe. Damit trafen die europäischen Grundfreiheiten nun also an sehr prominenter Stelle auf das Wettbewerbsparadigma. Dies galt für drei berühmte EuGH-Fälle, den Fall *Centros* von 1999, den Fall *Überseering* von 2002 und den Fall *Inspire Art* von 2003.[16] Den konkreten Gegenstand der Fälle müssen wir hier nicht ausbreiten. Ich konzentriere mich auf die Gemeinsamkeit, nicht auf die Unterschiede. Gemeinsam war den Fällen, dass der jeweilige Nationalstaat, in welchem die jeweilige Gesellschaft wirklich tätig war, die Gesellschaft nicht als ausländische Gesellschaft anerkannte, die sie formal war, sondern sie den strengeren rechtlichen Regeln unterwerfen wollte, die am Tätigkeitsort galten. Dies wollten die Gesellschaften unbedingt vermeiden; nicht umsonst waren sie nach dem Recht eines Mitgliedstaates gegründet worden, das ihnen milder er-

---

[15] Franck, Vom Wert ökonomischer Argumente bei Gesetzgebung und Rechtsfindung für den Binnenmarkt, in: Riesenhuber (Hg.), *Europäische Methodenlehre*, 2021, 97 (128f.).

[16] EuGH, Urt. v. 9.3.1999, (Anm. 14); EuGH, Urt. v. 5.11.2002, Rs. C-208/00, Slg. 2002 I-09919 – Überseering BV/Nordic Construction Company Baumanagement GmbH; EuGH, Urt. v. 30.9. 2003, Rs. C-167/01, Slg. 2003 I-10155 – Kamer van Koophandel en Fabrieken voor Amsterdam/Inspire Art Ltd.

schien als das Recht des Tätigkeitsorts. Dies war zweimal das englisch-walisische Recht (das schottische und das nordirische Recht gehen innerhalb des Vereinigten Königreichs zuweilen eigene Wege), einmal das niederländische Recht. In allen drei Fällen war mehr oder weniger deutlich ausgesprochen, dass die Gesellschaften das ausländische Recht und die europäische Niederlassungsfreiheit missbrauchten. Der Europäische Gerichtshof meinte demgegenüber, dass sich die Niederlassungsfreiheit genau dann bewähre, wenn eine Gesellschaft so frei war, sich in einem anderen Mitgliedstaat niederzulassen als dort, wo sie zumindest formal gegründet war. Wie so oft bewirkte der Gerichtshof auch hier eine normative Umgründung der Europäischen Union,[17] indem er den Spielraum des nationalen Gesetzgebers beschnitt.

Die Reaktionen auf *Centros*, *Überseering* und *Inspire Art* in Deutschland waren geteilt. Zumindest war der „Wettbewerb der Rechtsordnungen" nun in aller Munde. Eva-Maria Kieninger[18] sei hier deshalb in den Vordergrund gestellt, weil sie die Fälle und deren Auswirkungen sehr differenziert behandelt, statt wie manche juristischen Stimmen[19] entweder vehement das nationale Recht zu verteidigen oder auf der anderen Seite vehement eine Harmonisierung mit dem am wenigsten strengen Recht zu fordern. Kieninger ist Professorin für Deutsches und Europäisches Privatrecht sowie Internationales Privat-

---

[17] Schorkopf, *Die unentschiedene Macht*, 2023, 106 ff.

[18] Kieninger, Internationales Gesellschaftsrecht nach „Centros", „Überseering" und „Inspire Art": Antworten, Zweifel und offene Fragen, *Zeitschrift für Europäisches Privatrecht* 12 (2004), 685–704.

[19] Die gewissermaßen neutrale Sicht des Wirtschaftswissenschaftlers bietet Heine, *Regulierungswettbewerb im Gesellschaftsrecht*, 2003.

recht in Würzburg. Internationales Privatrecht nennt man auch Kollisionsrecht, weil es darum geht, was zu tun ist, wenn verschiedene Rechtsordnungen aufeinandertreffen, also kollidieren. Kollisionsrechtler sind nun üblicherweise nicht auf Kollisionskurs, sondern im Gegenteil sehr daran interessiert, jedem Recht möglichst weitgehend Geltung zu verschaffen. Kieninger stellt allerdings fest, dass der Europäische Gerichtshof nicht anhand rechtlicher Theorien, sondern mit Blick auf praktische Ergebnisse entschieden habe. Es sind aber auch nicht ausdrücklich ökonomische Theorien, die rezipiert wurden. Sondern der Gerichtshof entschied pragmatisch, und offensichtlich fand er den Zuzug des milderen Rechts in den Fällen, über die er zu entscheiden hatte, als nicht besonders gravierend, anders als die Konsequenzen, die entstanden wären, wenn er gegen die Gesellschaften entschieden hätte.

Was wären diese Konsequenzen? Damit kehre ich zum Ausgangspunkt zurück. Unternehmen haben keine Rechte. Multinationale Unternehmen haben erst recht keine Rechte. Unternehmensträger haben Rechte, aber sie können ihre Rechte verlieren. Nicht genau das, aber etwas davon wäre passiert, wenn der EuGH anders entschieden hätte. Speziell in Deutschland wäre das die Konsequenz gewesen. Nach traditionellem deutschen Kollisionsrecht[20] ist eine Gesellschaft dort zu gründen, wo sie auch sitzen will, und das heißt konkret: wo sie verwaltet werden will. Es gilt das Recht des Landes, in dem die Gesellschaft ihren Verwaltungssitz hat. Eine andernorts gegründete Gesellschaft hätte nach einem Umzug das Recht

[20] Zum Folgenden von Hein, in: Säcker u.a. (Hgg.), *Münchener Kommentar zum Bürgerlichen Gesetzbuch*, Bd. 12, 2024, Art. 4 EGBGB Rn. 161–162.

des Landes akzeptieren müssen, in dem sie aktiv ist. Tut sie dies nicht, verliert sie den Status, den sie im Heimatstaat hatte. Nach dem im damaligen Streit besonders gern herangezogenen Recht von England und Wales kann dagegen eine Gesellschaft gegründet werden, wo sie will, und sie kann sitzen bleiben, wo sie will, das heißt: wo sie gegründet wurde, auch wenn sie ganz anders sitzen, mit anderen Worten: verwaltet werden will. Es gilt das Recht des Landes, in welchem die Gesellschaft gegründet worden ist, auch wenn die Gesellschaft in ein anderes Land umzieht. Noch anders formuliert: Gründen kann man, wo man will, und man nimmt sein Recht mit, wenn man woanders verwalten will. Der Europäische Gerichtshof hat die europäische Niederlassungsfreiheit zumindest in eine Richtung gestärkt: Die Rechtsordnungen, die eigentlich auf den Verwaltungssitz abstellen, müssen Gesellschaften aus den Gründungssitzländern akzeptieren. Dies gilt zwar auch umgekehrt, ist für die Gründungssitzländer aber nichts Besonderes. Der Zuzug von Gesellschaften innerhalb der EU ist möglich, ohne dass das Land, in das die Gesellschaft einzieht, dagegen Hürden aufbauen kann. Und um die Verwirrung komplett zu machen: Das Recht des Gründungsstaats kann umgekehrt vorsehen, dass eine Gesellschaft, die wegzieht, ihren rechtlichen Status des Gründungsstaats verliert.[21] Zuzug und Wegzug sind zweierlei.

Interessant ist dies alles nur durch die Abweichungen zwischen den jeweiligen Rechten. Und hier hatte das englisch-walisische Recht, als vom Wettbewerb der Rechtsordnungen so viel die Rede war, einen tatsächlichen oder vermeintlichen Wettbewerbsvorteil. Dieser hatte üb-

---

[21] EuGH, Urt. v. 16.12.2008, Rs. C-210/06, Slg. 2008 I-09641 – Cartesio Oktató és Szolgáltató bt.

rigens nichts mit der herkömmlichen Trennung von *common law* und *civil law*, angelsächsischem Fallrecht und kontinentaleuropäischem Gesetzesrecht, zu tun, bei dem das *common law* angeblich im Vorteil sei.[22] Denn auch England und Wales setzen hier auf ein *statute*, den *Companies Act*. Die Gründung einer *private company limited by shares*, kurz: *limited*, funktioniert mit einer schnellen Registrierung im *Companies House* in Cardiff, die schon damals von überall her online schnell bewerkstelligt werden konnte. Anders als für die Gesellschafter einer deutschen GmbH und ihrer kontinentaleuropäischen Verwandten war es für die Gesellschafter einer englisch-walisischen *limited* nicht mehr nötig, einen substantiellen Mindestbetrag aufzubringen, also der Gesellschaft ein Startkapital zur Verfügung zu stellen, das die Gesellschafter nicht zurückverlangen dürfen, solange die Gesellschaft nicht aufgelöst und abgewickelt wird. Die Mindestkapitalziffer war die plakativste Hürde für die Gründung einer deutschen GmbH, die für die *limited* nicht mehr bestand. Nun gab es zwei Schlussfolgerungen für Gesellschaftsgründer. Erstens konnte man sagen, man gründet nicht in Deutschland, sondern in England und Wales. Konsequent war dies aber auch nur, wenn man nicht in Deutschland tätig sein wollte. Denn wollte man dies – und der EuGH hätte anders entschieden – dann hätte die *limited* beim Umzug

[22] So aber sehr weitgehend Pistor, *Der Code des Kapitals*, 2021, 265ff., 278ff. Auch die Gerichte und Gesetzgeber prägende Beratungstätigkeit der Wirtschaftsanwälte, die Pistor in den Vordergrund stellt, hat sich stark angenähert, wobei zugegebenermaßen US-amerikanische Anwälte das Modell für kontinentaleuropäische, gerade auch deutsche Anwälte abgegeben haben; dazu Thiessen, Appetitus Socialis Berolinensis. Unternehmensrecht in der Berliner Republik, *Rechtsgeschichte – Legal History* 25 (2017), 46 (46f., 71).

nach Deutschland oder beim Tätigwerden in Deutschland ihre Rechte als *limited* verloren. Sie wäre – weil die Gründungsformalitäten einer GmbH nicht eingehalten waren – als einfache Gesellschaft bürgerlichen Rechts behandelt worden. Damit hätten insbesondere alle Gesellschafter für alle Schulden der Gesellschaft mit ihrem Privatvermögen gehaftet. *Limited liability* – beschränkte Haftung – sieht anders aus. Also doch in Deutschland gründen? Hier führt der Wettbewerb der Rechtsordnungen dazu, dass die Unternehmen den Standort Deutschland meiden könnten. Die Unternehmensmitbestimmung in Deutschland galt lange Zeit als Horror für ausländische Investoren,[23] das strenge GmbH-Recht galt als weiteres Abschreckungspotential. Was oft vergessen wurde: Schickt man nicht jährlich die Bilanzen der Gesellschaft an das *Companies House* in Cardiff, wird dort die *limited* gelöscht – einfach so. Verlangt(e) das deutsche Recht mehr Kapitaleinsatz bei der Geburt der Gesellschaft, so verlangt das englisch-walisische Recht mehr Rechnungslegungspublizität während des Lebens der Gesellschaft. Irgendwo ist im Recht am Ende immer ein Haken.

Der vom EuGH auf eine sehr praktische Ebene gehobene Streit um den Wettbewerb der Rechtsordnungen erreichte Deutschland just zu einer Zeit, als unser aller oberster russischer Gaslobbyist a.D. Gerhard Schröder Bundeskanzler war und sich fragte, ob er wohl angesichts von Wirtschaftsmisere und Haushaltssorgen den „kranken Mann Europas" ohne Neuwahlen weiter regieren könne. Ich habe das sehr unmittelbar erlebt. Kanzler Schröder ließ in allen Ministerien fragen, ob es nicht Reformvorhaben gebe, die beim Wähler den Eindruck von Kom-

[23] *Schorkopf*, in diesem Band, S. 1 ff.

petenz erwecken könnten. Das Bundesjustizministerium antwortete, ja, da gebe es doch einen Entwurf zur Reform des GmbH-Rechts, den habe man schon an Verbände und Wissenschaftler geschickt, den könne man bis zur Wahl noch aufpolieren. Meine Aufgabe war nun, als freier Mitarbeiter im Ministerium die Äußerungen der Verbände und Wissenschaftler zu sichten und Reformvorschläge zu bündeln. In einem ersten Schritt wollte man zu einer „substanziellen Absenkung des für die Gründung notwendigen Mindestkapitals" kommen.[24] Der „zweite, umfangreichere Teil der GmbH-Novelle" sollte „mit mehr Ruhe, längeren Stellungnahmefristen und der Gründlichkeit, die man zu Recht vom Bundesministerium der Justiz erwartet, behandelt", aber „wenn irgend möglich [...] noch in dieser Wahlperiode Gesetz werden".[25] Gute Arbeit habe ich offenbar nicht geleistet, denn es gab ja eine berühmt-berüchtigte Berliner Elefantenrunde, die das Ende der Ära Schröder einläutete und die ewige Kanzlerin Merkel ins Amt brachte.

Die Reform des GmbH-Rechts kam dann 2008. Ähnlich wie in anderen EU-Mitgliedstaaten ist es in Deutschland inzwischen fast so einfach wie in England und Wales, eine haftungsbeschränkte Gesellschaft zu gründen. Man hat sich daran gewöhnt. Den Engländern und Walisern selbst ist es inzwischen vielleicht nicht mehr so egal, was auf dem Kontinent gilt, denn auf die Niederlassungsfreiheit können sich englische Gesellschaften in der EU nicht mehr be-

[24] Schröder, *Aus Verantwortung für unser Land: Deutschlands Kräfte stärken*, Regierungserklärung vom 17.3.2005, Bundestagsplenarprotokoll 15/166, 15491.

[25] Seibert, BB-Gesetzgebungsreport: Entwurf eines Mindestkapitalgesetzes (MindestkapG) – Substanzielle Absenkung des Mindeststammkapitals, *Betriebs-Berater* 60 (2005), 1061 (1062).

rufen. Eine *Limited*, die ihren Verwaltungssitz in Deutschland hat, führt ein „Doppelleben", wie es das Landgericht Berlin sagte, als *Limited* nach englisch-walisischem Recht und als „*Unlimited*" nach deutschem.[26]

Was bedeutet das für multinationale Unternehmen? Alles, was ich über die Rechtsformen über unternehmerisches Handeln im Standortwettbewerb gesagt habe, ist nur ein Aspekt von vielen. Wo und wie man unternehmerisch aktiv ist, liegt wohl weniger an den Rechtsformen als vielmehr an Konjunkturen und Krisen. Multinationale Unternehmen produzieren häufig überall dort, wo sie verkaufen wollen, und akzeptieren mehr oder weniger zähneknirschend unwillkommene Regeln. Der Nationalstaat ist spätestens seit der Corona-Pandemie zurück, damit auch der nationale Gesetzgeber. So werden gewissermaßen automatisch Bedenken angesprochen, die vor allem Anne Peters artikuliert hat, damals Professorin in Basel, heute MPI-Direktorin in Heidelberg. Peters wollte den Wettbewerb der Rechtsordnungen nur als Element einer „qualitätssichernden Metaordnung" anerkennen, die Defizite ausgleicht: Defizite im demokratischen Prozess, Defizite bei Grundfreiheiten, die außerhalb der EU nicht gelten, die Definition abzulehnender, weil unterlauterer oder schädlicher Regulierungspraktiken, der Wettbewerb der Rechtsordnungen nachrangig gegenüber der „Gewährleistung der fundamentalen Güter, Freiheit, Gleichheit, Demokratie, Solidarität und Gemeinwohl", mit der schönen letzten These: „Unabdingbare, das heißt unabhängig von einer Zahlungsbereitschaft zu respektierende Güter, müssen gänzlich jenseits des Wettbewerbs der Rechtsord-

---

26 LG Berlin, Urt. v. 28.11.2022, *Neue Zeitschrift für Gesellschaftsrecht* 26 (2023), 706–710.

nungen rechtlich geschützt bleiben."[27] Der Text stammt von 2009, heute würde er sich vielleicht nicht gegen den Wettbewerb der Rechtsordnungen richten, sondern gegen Rechtsordnungen, die sich autoritär durchsetzen wollen.

IV. Warum ist das alles nicht neu?

Blickt man zurück auf die etwas zeitverzögerten Debatten in der Rechtswissenschaft, so kann man vielleicht sagen: Vorsicht vor einem Klumpenrisiko. Wer alles darin investiert, es so zu machen wie England und Wales, kann auf die falsche Insel gesetzt haben. Das Vereinigte Königreich ist gegangen, Deutschland ist es nicht so schlecht ergangen. Rezeption ausländischen Rechts ist keine Einbahnstraße. Will man sich umfassend orientieren, lohnt wahrscheinlich ein Blick nach Osteuropa, insbesondere ins Baltikum, dem wohl modernsten Teil der EU. Ich sage das so dahin – das baltische Gesellschaftsrecht habe ich nicht studiert, und wer weiß, wahrscheinlich ist es sehr englisch.

Skeptisch bin ich gegenüber einem „more economic approach"[28], einer ökonomischen Analyse des Recht durch Juristen, weil ich den Eindruck habe, dass Juristen hier sehr eklektisch vorgehen und vor allem sehr unbeachtet von Ökonomen. Vorsicht also vor Ökonomik. Das Sondervotum des ehemaligen Richters am US Supreme Court, Stephen Breyer, in Sachen *Leegin Creative Leather*

---

[27] Peters, Wettbewerb der Rechtsordnungen, *VVDStRL* 69 (2010), 7 (53).

[28] Zu diesem Kartellrechtskonzept des früheren EU-Wettbewerbskommissars Mario Monti siehe Schweitzer/Patel, EU Competition Law in Historical Context (Anm. 11), 220 ff.

Products, Inc., vs. PSKS, Inc., einem Kartellrechtsfall, sei jedem ökonomischen Analytiker des Rechts ins Stammbuch geschrieben:

> Economic discussion, such as the studies the Court relies upon, can help provide answers to these questions, and in doing so, economics can, and should, inform antitrust law. But antitrust law cannot, and should not, precisely replicate economists' (sometimes conflicting) views. That is because law, unlike economics, is an administrative system the effects of which depend upon the content of rules and precedents only as they are applied by judges and juries in courts and by lawyers advising their clients.[29]

Lässt man „antitrust" weg, ist diese Aussage zu verallgemeinern, auch wenn *Justice* Breyer sich seinerzeit im konkreten Fall nicht durchgesetzt hat.

Besser ist da ein Blick in die Geschichte. Der Wettbewerb der Rechtsordnungen war schon immer da.[30] Hätte Deutschland nicht versucht, das Vorbild der *Limited* des Britischen Empire zu überbieten, hätte Margarete Steiff mit ihren drei Neffen keine GmbH gründen können, weil es dann kein GmbH-Gesetz gegeben hätte.[31] Die Margarete Steiff (Beteiligungs-) GmbH hatte übrigens nie Probleme mit ihrem Sitz; sie wurde in Giengen an der Brenz gegründet und ist immer noch da, wobei Steiff vielleicht kein im engeren Sinne multinationales Unternehmen ist,

---

[29] Leegin Creative Leather Products, Inc., vs. PSKS, Inc., 551 U.S. 877 (2007).

[30] Thiessen, Transfer von GmbH-Recht im 20. Jahrhundert – Export, Import, Binnenhandel, in: Duss u.a. (Hgg.), *Rechtstransfer in der Geschichte*, 2006, 446–497.

[31] Thiessen, Kapitalgesellschaftsrecht down under – deutsche Kolonialphantasien und die australische Limited im 19. Jahrhundert, in: Bergmann/Hoffmann-Becking/Noack (Hgg.), *Recht und Gesetz*, 2019, 951–987.

aber ein multinational erfolgreiches Unternehmen. Ohne die Krisen der 1920er Jahre, in denen man übrigens über das „Unternehmen an sich" nachdachte, also: Was ist das Unternehmen unabhängig vom Unternehmer?[32] – hätte man sich in der deutschen Rechtsberatungspraxis vielleicht weniger Gedanken über Verflechtungen von Unternehmensträgern gemacht.[33] Das wäre schlecht, denn dann hätte die Tesla Manufacturing Brandenburg SE in Grünheide keinen Beherrschungsvertrag mit der Tesla, Inc. Wilmington, Delaware schließen können, nach deutschem Konzernrecht, man stelle sich das vor.

Dies gibt nun abschließend einen Hinweis auf einen Wettbewerb der Rechtsordnungen, der schon sehr lange funktioniert, nämlich denjenigen innerhalb der Vereinigten Staaten von Amerika, zwischen den Einzelstaaten und zwischen diesen und der Bundesebene, der wiederum die europäische Diskussion beeinflusst hat. Dieser Wettbewerb trifft nun das von Gesellschaftsregistrierungen lange Zeit verwöhnte Delaware. Niemand geringeres als Elon Musk verlässt mit immer mehr seiner Unternehmen den kleinen Staat an der Ostküste, nachdem eine dortige Richterin ein für Musk besonders lukratives Aktienoptionspaket für nichtig erklärt hat. Musks Raumfahrt zieht ebenso wie die Tesla-Mutter nach Texas, seine Neuro-

---

[32] Riechers, Das „Unternehmen an sich". Die Entwicklung eines Begriffes in der Aktienrechtsdiskussion des 20. Jahrhunderts, *Beiträge zur Rechtsgeschichte des 20. Jahrhunderts* 17/1996, 16 ff.

[33] Thiessen, Der Konzern – eine Schöpfung der Kautelarjurisprudenz, Vom Konzern zum Einheitsunternehmen. Aktuelle Entwicklungsperspektiven des deutschen und europäischen Konzernrechts, *ZGR* Sonderheft 22 (2020), 1–36.

technologie nach Nevada.[34] Allerdings nur juristisch. Fabriken, Rampen und Labore bleiben, wo sie sind. So viel Einfluss hat das Recht im Standortwettbewerb dann doch nicht.

---

[34] Elon Musk zieht um. Nach Neuralink verlässt auch Space X Delaware, *Frankfurter Allgemeine Zeitung* Nr. 40 v. 16.2.2024, 24; Amtsgericht Frankfurt (Oder), HRB 18107 FF, Eintrag vom 30. Juli 2024.

World Standard Setter in a Fit of Absence of Mind?

Die EU als Gestalterin der Globalisierung des Warenhandels seit den 1970er Jahren

Kiran Klaus Patel

I. Seeley als Sonde

John Seeley, 1869 zum Regius Professor of Modern History in Cambridge ernannt, hielt in seinem Buch *The Expansion of England* 1883 fest, dass die Briten die halbe Welt „in a fit of absence of mind" erobert hätten.[1] Seeleys Sicht ist schon lange überholt und häufig kritisiert worden – aus normativen Gründen, weil er mit seinem Werk für das imperiale Projekt warb; aber etwa auch aus konzeptioneller und empirischer Perspektive, etwa weil er damit die Intentionalität, Gewalttätigkeit und letztlich den Charakter imperialer Herrschaft dramatisch herabspielte. Dennoch soll Seeleys Wort, angewandt auf die Europäische Union (EU), hier am Anfang der Analyse des Wechselverhältnisses von Globalisierung und europäischer Integration stehen. Es wird jedoch mit einem dicken Fragezeichen versehen und dient in erster Linie als heuristische Sonde.

---

[1] Seeley, *The Expansion of England*, 2005, 8.

Vor diesem Hintergrund untersucht das Kapitel die Geschichte der Außenhandelspolitik der EU, wobei diese stets so facettenreich und vielfältig war, dass sich der Beitrag darauf beschränken muss, einige übergreifende Entwicklungen und Fallbeispiele zu erörtern. Chronologisch wird dabei die Zeit von den 1970er bis zu den 2000er Jahren behandelt, allerdings mit Rück- und Vorblenden in andere Phasen. In einem ersten Teil geht es um die Rolle der Europäischen Gemeinschaft (EG) als Vorläuferin der EU im GATT, dem 1947 gegründeten Allgemeinen Zoll- und Handelsabkommen mit Sitz in Genf. Dabei wird die folgende Doppelthese vertreten: Zum einen erwarb sich die EG besonders im Kontext des GATT überhaupt erst eine Rolle auf globaler Ebene, auch über den Bereich des Handels hinaus. Zum anderen gelang es ihr, in hohem Maße als Ergebnis multilateraler Verhandlungen und durch regulatorische Transfers von der eigenen auf die GATT-Ebene, die Rahmenbedingungen des weltweiten Warenaustauschs zu prägen und so zu einer Gestalterin der Globalisierung zu werden.

Der zweite Teil baut darauf auf und geht Formen des horizontalen regulatorischen Transfers von der EG in andere Gesellschaften nach und somit dem, was Anu Bradford aus rechtswissenschaftlicher Perspektive als den „Brussels Effect" bezeichnet hat. Auch auf dieser Ebene, so die These, hat die EU vor allem seit den 1980er Jahren den globalen Warenverkehr wesentlich geprägt.

Beide Teile handeln somit nicht so sehr von Zollabbau, sondern vor allem von der Frage, inwieweit die EG/EU das Regelbuch des Handelsregimes mit verfasst und so die Rahmenbedingungen der Globalisierung geprägt hat. Der Schlussteil führt die wichtigsten Ergebnisse zusammen und bezieht sie auf übergreifende Probleme wie die Frage demokratischer Legitimation sowie Seeleys Charakterisierung des British Empire.

II. Akteursqualität via Außenhandel

Die Außenhandelspolitik gehört heute zu den wichtigsten Kompetenz- und Handlungsfeldern der Europäischen Union, was seinen Ausgangspunkt im Vertrag zur Gründung der Europäischen Wirtschaftsgemeinschaft (EWG) von 1957 hat. Dieser zielte auf einen Gemeinsamen Markt, der aber als solcher nur funktionieren konnte, wenn er über gemeinsame Außenzölle und eine gemeinsame Handelspolitik verfügte.[2] Ein erster Härtetest in dieser Hinsicht stellte die Kennedy-Runde des GATT von 1964 bis 1967 dar. Hier führte die Europäische Kommission erstmals für die Mitgliedstaaten die Verhandlungen, und es gelang der EG auf dieser Basis, in diesem für welthandelspolitische Fragen zentralen Forum mit einer Stimme zu sprechen.

Wichtig war dabei, dass sie einen strategischen Vorteil aus einem Paradox der Schwäche zog:[3] Die Mitgliedstaaten versahen die Europäische Kommission zwar mit einem Verhandlungsmandat, kontrollierten dieses jedoch engmaschig und nutzten ihre Entscheidungsmacht im Ministerrat als Vetopositionen. All dies gab der Haltung der EG im GATT ein hohes Maß an Rigidität – denn in Genf

---

[2] Vgl. Artikel 110–116 EWG-Vertrag, abgedruckt in Von der Groeben/Von Boeckh (Hgg.), *Kommentar zum EWG-Vertrag*, Bd. 1, 1958/1960, 425–440. Die Regelungen des EWG-Vertrags bauten wiederum auf den Erfahrungen der Montanunion seit dem Pariser Vertrag von 1951 auf.

[3] Vgl. Meunier, *Trading Voices*, 2005; die sich damit bezieht auf: Schelling, *The Strategy of Conflict*, 1960.

konnte und musste das Brüsseler Team stets darauf verweisen, wie überaus mühsam das eigene Mandat zustande gekommen war und wie fragil es deswegen sei. In einem klassisch dialektischen Sinne transformierte sich diese Schwäche in eine Stärke – besser, man gab der EG etwas nach, als dass man gar keinen Deal mit ihr erzielen konnte.

Angetrieben von diesen Dynamiken bildete die Kennedy-Runde den ersten Auftritt der EG auf globaler Bühne. Das war vor allem insofern bemerkenswert, da sie sich zu der Zeit noch in jener Aufbau- und Übergangsphase befand, die der EWG-Vertrag 1957 festgelegt hatte. Metaphorisch gesprochen wurde noch an der Karosserie der EG herumgeschraubt, während man sie bereits in ein globales Rennen schickte. Per Außenhandel erlangte sie so in den 1960er Jahren eine Akteursqualität, die ihr in manchen anderen Politikbereichen bis heute nicht zukommt.[4]

Aber auch inhaltlich machte sich die damals noch junge Gemeinschaft bemerkbar. Wenngleich die Rolle der Primadonna im eigentlichen Wortsinn im GATT-Kontext selbstverständlich stets an die Vereinigten Staaten ging, legte die EG damals bereits durchaus primadonnenhaftes Verhalten an den Tag. Während der sogenannten Krise des leeren Stuhls, als die EG aufgrund einer inneren Blockade 1965/66 für ein gutes halbes Jahr handlungsunfähig war, verzögerte sie Fortschritte im gesamten GATT-Rahmen. Ihr erfolgreiches Pochen auf Agrarprotektionismus – dieser Bereich wurde auf Drängen der EG ganz von der Liberalisierungsagenda ausgenommen – hatte problematische Auswirkungen auf andere Gesellschaften, gerade solche des Globalen Südens. Beim Handel mit Industrieproduk-

[4] Vgl. Bretherton/Vogler, *The European Union as a Global Actor*, 2006; auch Woolcock, *European Union Economic Diplomacy*, 2012.

ten setzte sich die EG in wichtigen Fragen dagegen für niedrigere Zölle ein – einen Ansatz, den sie mit den USA teilte, wobei man diese Position weder dies- noch jenseits des Atlantiks quer durch alle Produktgruppen vertrat; dafür spielte der Schutz der heimischen Industrie eine zu wichtige Rolle.[5]

Zugleich begann ein im Innern der EG praktizierter Ansatz, die gesamte GATT-Ebene zu prägen: Das Modell allgemeiner Zollsenkungen (*across the board cuts*), der in der Kennedy-Runde erstmals im GATT-Kontext die vorherigen Einzelregelungen ersetzte, bezog wesentliche Inspiration aus den Binnenregelungen der EG. Erstmals entfaltete somit eine handelspolitische Entwicklung, die ihren Ursprung im Inneren der EG hatte, Wirkungen auf den globalen Austausch von Gütern. Davon abgesehen erklärt sich die Tatsache, dass sich die USA in der Kennedy-Runde einer Liberalisierungsagenda verschrieb, wesentlich aus der Formierung der EG als eigenständigem Wirtschaftsblock: Ihre Entstehung stellte den handelspolitischen Status quo im transatlantischen Kontext so sehr in Frage, dass dies einen Wandel der Washingtoner Position auslöste.[6]

---

[5] Vgl. Coppolaro, The EC in the GATT Trade Regime: A Power without Leadership, in: Krotz/Patel/Romero (Hgg.), *Europe's Cold War Relations*, 2020, 127 (131); Ludlow, The Emergence of a Commercial Heavy-Weight: The Kennedy Round Negotiations and the European Community of the 1960s, *Diplomacy and Statecraft* 18 (2007), 351 (354). Vgl. auch zu den weiterreichenden Kompetenzen der EG in Bezug auf Handelsliberalisierung im Vergleich zum GATT Rosas, Life after Dassonville and Cassis: Evolution but No Revolution, in: Maduro/Azoulai (Hgg.), *The Past and Future of EU Law*, 2010, 433–446; vgl. ferner die weiteren Beiträge zum Thema in jenem Band.

[6] Vgl. Coppolaro, The EC in the GATT Trade Regime (Anm. 5);

Bereits seit den 1960er Jahren gehörte die EG somit als eigenständiger Akteur zur Kernbesetzung des GATT. Schon zu der Zeit war ihr handelspolitisches Gewicht deutlich größer als die Summe ihrer damals sechs Mitgliedstaaten, d. h. von Belgien, der Bundesrepublik, Frankreich, Italien, Luxemburg und den Niederlanden. Ihre Rolle übertraf auch diejenige europäischer Konkurrenzorganisationen wie der EFTA oder spezifischer Nicht-Mitgliedstaaten wie des Vereinigten Königreichs.[7] Besonders plastisch brachte Robert Schaetzel, der Leiter der US-Mission bei der EWG, die Stärke der europäischen Verhandlungsposition auf den Punkt, wenn er die EG als „strongly muscled, leaden-footed beast" bezeichnete.[8] Sowohl die USA wie auch die EG betrieben dabei lediglich eine begrenzte Politik der Liberalisierung; uneingeschränkt verschrieb sich keine der beiden Seiten diesem Ziel.

Begrifflich stand damals in den verschiedenen europäischen Sprachen übrigens „Liberalisierung" im Vordergrund, nicht „Globalisierung". Gleichwohl ist interessant, dass sich das Wort „Globalisierung" durchaus in den deutschen Quellen der 1950er und 1960er Jahre findet, allerdings überaus selten und mit einer anderen Bedeutung als heute. Es handelte sich um einen technischen Terminus. Wenn damals etwa 1959 im Bundeswirtschaftsministe-

---

Dür, *Protection for Exporters*, 2010, auch zur deutlich protektionistischeren US-Agenda in den Verhandlungen der späten 1940er und der 1950er Jahre.

[7] Vgl. Coppolaro, *The Making of a World Trading Power*, 2013; Zeiler, *American Trade and Power in the 1960s*, 1992; Coppolaro, The EC in the GATT Trade Regime (Anm. 5).

[8] Zitiert in Ludlow, The Emergence of a Commercial Heavy-Weight (Anm. 5), 355.

rium von einer „globalisierung der einfuhrkontingente" die Rede war, meinte dies eine Ausweitung einer spezifischen Bestimmung über den dafür vorgesehenen Bereich hinaus.[9] Dies hatte mit unserem Verständnis lediglich insofern zu tun, als es in den Bereich des internationalen Handels und allgemeiner gesprochen in die Sphäre des Ökonomischen führte.

Zugleich waren in die damaligen Verhandlungen der Kalte Krieg sowie globale Asymmetrien tief eingeschrieben. Der Ostblock war nicht Teil des GATT und das Gros der Gesellschaften des Globalen Südens wurde von seiner Liberalisierungsagenda ausgeschlossen. Die EG regelte ihre Beziehungen mit ihren Assoziierten Staaten, bei denen es sich zunächst im Wesentlichen um die ehemaligen Kolonien handelte, in Form von Präferenzabkommen im Rahmen des so genannten Yaoundé-Abkommens von 1963. Für tropische Produkte, aber etwa auch für Textilien, meinte dies gerade keine Liberalisierung. Dasselbe galt, wie bereits erwähnt, in Bezug auf die Landwirtschaft, besonders aufgrund der Bremser-Rolle der EG.[10] Das GATT

---

[9] Bundesarchiv Koblenz, B 102/14037, Deutsche Botschaft Rom an Auswärtiges Amt, 30.1.1959; vgl. z.B. auch die Formulierung „Globalisierung der bilateralen Handelskontingente" Doll, Wichtiges zum Gemüsebau, *Deutsche Gärtnerbörse* 15 (1959), 185 (185). Der Google Books Ngram Viewer verdeutlicht, dass der Begriff um 1960 eine winzige Bedeutungskonjunktur hatte, letztlich aber bis ca. 1990 marginal blieb. Erst danach trat er einen Siegeszug an, vgl. https://books.google.com/ngrams/graph?content=Globalisierung&year_start=1800&year_end=2019&corpus=de-2019&smoothing=3 (30.1.2025); vgl. auch Eckel, „Alles hängt mit allem zusammen." Zur Historisierung des Globalisierungsdiskurses der 1990er und 2000er Jahre, *Historische Zeitschrift* 307 (2018), 42–78; jetzt auch Kuchenbuch, *Globalismen*, 2023, v.a. 191–203.

[10] Vgl. Coppolaro, The EC in the GATT Trade Regime (Anm. 5).

bot insofern für einen wesentlichen Teil des globalen Handels einen Rahmen, aber keineswegs für diesen als Ganzes.

Um das Bisherige nochmals knapp zusammenzufassen: Insgesamt erlangte die EG im GATT-Kontext in den 1960er Jahren erstmals Akteursqualität. Sie übernahm jedoch keine tragende systemische Verantwortung für den Prozess der Verhandlungen oder deren Ergebnisse. Das galt sowohl in Hinblick auf die konkreten ökonomischen Fragen wie auch bezüglich der übergreifend-politischen Dimension, etwa den Implikationen für die transatlantischen Beziehungen, das Nord-Süd-Verhältnis oder den Kalten Krieg.

Die darauffolgende Tokio-Runde des GATT von 1973 bis 1979 wurde durch die großen weltwirtschaftlichen Verwerfungen und Verschiebungen jener Jahre „nach dem Boom" geprägt;[11] wie sehr damals die Handelsfreiheit als Kernauftrag des GATT unter Druck geriet, zeigt *Jan-Otmar Hesse* in seinem Beitrag zu diesem Band auf. Vor diesem Hintergrund konnte sich die EG nach zähen Verhandlungen mit ihrer Forderung nach fortgesetztem Agrarprotektionismus weitgehend durchsetzen. Im Industriebereich kam sie der amerikanischen Liberalisierungsagenda deutlich entgegen, so dass die Zölle zwischen Industriestaaten insgesamt um rund 35 Prozent fielen. Noch wichtiger waren die Ergebnisse der Tokio-Runde in einer anderen Hinsicht, die sich nicht in einer einzelnen Zahl zusammenfassen lässt: Anders als zuvor zielten die Verhandlungen nunmehr auch darauf, nicht-tarifäre Handelshemmnisse (NTH) zu beseitigen, deren Umfang und Wirkung sich seit den 1960er Jahren massiv verstärkt

---

[11] Vgl. Doering-Manteuffel/Raphael, *Nach dem Boom*, 2012; Ferguson u. a. (Hgg.), *The Shock of the Global*, 2010.

hatte. Wie Zölle dienen NTHs dem Schutz der heimischen Produktion. Unter den Sammelbegriff der NTHs fallen etwa Importkontingente, bei denen der Staat jährliche Höchstmengen oder Höchstwerte für Importe festlegt und eine entsprechende Anzahl von Importlizenzen vergibt, oder besondere Produktstandards.[12] Ein besonders skurriles Beispiel aus der Zeit führt ins französische Poitiers: Durch das dortige, mit neun Köpfen besetzte Zollamt mussten phasenweise alle aus Japan und weiteren Drittstaaten importierten Videorekorder passieren, was den Import dieser damals äußerst begehrten Waren wesentlich behinderte.[13] Auch wenn die EG somit selbst im Glashaus saß: Im Kampf gegen NTHs, die den Handel letztlich mehr behinderten als Zölle, brachte sie sich nunmehr stark ein und baute wiederum auf Erfahrungen, die sie im Innern der Gemeinschaft gemacht hatte. Dies betraf etwa die Antidumping-Regelungen, die sie im GATT-Rahmen weitgehend durchsetzen konnte – teilweise sogar gegen den Willen der USA. Einen solchen Liberalisierungsgewinn konnte die EG etwa im technischen Bereich der Zollwerteermittlungsregelungen erzielen. So vermerkte die Europäische Kommission im Sommer 1980, dass die

---

[12] Vgl. Langhammer, Wirtschaftstheoretische und ordnungspolitische Aspekte nicht-tarifärer Handelshemmnisse am Beispiel der EG und ihres Binnenmarktprogramms, in: Zippel (Hg.), *Ökonomische Grundlagen der europäischen Integration*, 1993, 41–59; zur Agrarfrage Seidel, The Challenges of Enlargement and GATT Trade Negotiations: Explaining the Resilience of the European Community's Common Agricultural Policy in the 1970s, *International History Review* 42 (2020), 352–370.

[13] Vgl. Lewis, The Latest Battle of Poitiers, *New York Times* v. 14.1.1983, Section D, S. 1; Abe, The „Japan Problem": The Trade Conflict between the European Countries and Japan in the Last Quarter of the 20th Century, *Entreprises et histoire* 80 (2015), 13–35.

USA letztlich „their notoriously protectionist American Selling Price (APS) system“ beendet habe, während man selbst im GATT „one of the [European] Community's major objectives [...] to establish fair and neutral international valuation rules“ durchsetzen konnte.[14] Mindestens so bedeutsam wie der Inhalt der Quelle ist das enorme Selbstbewusstsein der EG, das sich in ihr ausdrückte. Zugleich musste sie ihrerseits in anderen Punkten im Kontext der NTHs den USA stärker entgegenkommen.[15] Insofern erklärt sich das Ergebnis aus dem Zusammenspiel der beteiligten Seiten.

Cum grano salis lief all dies auf eine Liberalisierung des Regelwerks hinaus, die zugleich aber keineswegs neutral war, sondern insbesondere die Interessen der EG und der USA widerspiegelte.[16] Die ursprüngliche Absicht der Runde, die Bedürfnisse des Globalen Südens ernsthafter zu berücksichtigen, geriet dagegen einmal mehr weitgehend unter die Räder, weshalb das Gros dieser Länder die Abkommen nicht unterzeichnete – die Liberalisierungsagenda in Bezug auf Zölle und NTHs hatte so zwar eine stärkere EG-Note als zuvor, blieb regional aber deutlich eingeschränkt.

Für das Verständnis der Prozesse und ihres Ergebnisses ist zugleich eine doppelte innereuropäische Entwicklung

---

[14] Vgl. Historical Archives of the European Union (HAEU), Florenz, BAC 39/1986, 513, 77–80, Kommission der Europäischen Gemeinschaften, Informatorische Aufzeichnung, Juni 1980.

[15] Vgl. Winham, *International Trade and the Tokyo Round Negotiations*, 1986, v. a. 256–280; Coppolaro, In the Shadow of Globalization: The European Community and the United States in the GATT Negotiations of the Tokyo Round (1973–1979), *International History Review* 23 (2018), 752–773.

[16] Vgl. grundsätzlich hierzu Gruber, *Ruling the World*, 2000.

bedeutsam: Zum einen waren 1973 mit Dänemark, Irland und dem Vereinigten Königreich drei neue Gesellschaften der EG beigetreten, was deren internationale Rolle spürbar erhöhte. Die Tokio-Runde fiel für den europäischen Einigungsprozess zum anderen in eine Phase, in der sich die politischen Eliten der Mitgliedstaaten als Ergebnis komplizierter Ausverhandlungs- und Lernprozesse immer mehr dafür entschieden, die EG als entscheidendes Forum zu verstehen, um sich der ökonomischen Herausforderungen der Globalisierung anzunehmen. Wie Laurent Warlouzet gezeigt hat, war dies zu Beginn der Phase „nach dem Boom" keineswegs klar gewesen – stattdessen hatte man auf nationale Alleingänge und andere internationale Foren gesetzt. Dass die EG in der Tokio-Runde letztlich noch geschlossener auftrat als in der Kennedy-Runde, war insofern nicht einfach eine Fortsetzung und Verstärkung des bisherigen Kurses, sondern angesichts der schwierigen ökonomischen Rahmenbedingungen und der dadurch zunächst ausgelösten zentrifugalen Kräfte durchaus bemerkenswert.[17]

Noch bedeutsamer war die darauffolgende Uruguay-Runde von 1986 bis 1994, bei welcher der Nexus zwischen Globalisierung und der Rolle der EU noch markanter ausfiel. Diese Phase war durch eine Transformation des Einigungsprozesses geprägt, für die der Einheitlichen Europäischen Akte mit ihrem Binnenmarktprogramm herausragende Bedeutung zukam.[18] Diese Prozesse im Inneren der Gemeinschaft waren auch insofern bemer-

[17] Vgl. Warlouzet, *Governing Europe in a Globalizing World*, 2018.

[18] Vgl. Patel/Röhl, *Transformation durch Recht*, 2020; vgl. auch Patel, *Projekt Europa*, 2018, v. a. 224–266, 295–341.

kenswert, da seine Implikationen für das Außen(handels) verhältnis zunächst auffallend wenig durchbuchstabiert wurden. Das zeigt sich besonders am „Weißbuch zur Vollendung des Binnenmarktes" von 1985,[19] dem Ausgangspunkt dieser dynamischen Entwicklung. Denn hier war die Außendimension auf geradezu frappante Weise abwesend. Binnen weniger Jahre änderte sich dies. So hielt die Europäische Kommission bereits 1988 unter der recht großspurigen Überschrift „Europe 1992: Europe World Partner" fest, dass das Ergebnis der laufenden Reformen in der EG „should be to accentuate the Community's position as the world's leading trade power". Unter anderem würde sie sich für „a greater liberalization of international trade" einsetzen und unterstrich mit vielen Beispielen, dass der künftige Binnenmarkt „will be of benefit to Community and non-Community countries alike."[20] Ex post wurde hier somit eine außenhandelsbezogene Agenda in das Maßnahmenpaket eingeschrieben, wobei Ansätze für diese Richtung sich bereits in den Jahren zuvor verstärkt hatten.[21]

Am Binnenmarktprogramm am Ende des Kalten Kriegs zeigt sich so, dass eine Charakterisierung der Veränderungen als Akte im Geisteszustand der „absent-mindedness" unangemessen erscheinen würde. Deutlich wird jedoch einmal mehr auch, dass Binnenlogiken auf das Außenverhältnis überschwappten und es zu Letzterem zunächst auf-

[19] Vgl. das Weißbuch der Europäischen Kommission: KOM (85) 310.

[20] Spokesman's Service of the European Commission, Information Memo P–117, *Europe 1992: Europe World Partner*, 10.10.1988.

[21] Coppolaro, Globalizing GATT: The EC/EU and the Trade Regime in the 1980s–1990s, *Journal of European Integration History* 24 (2018), 335–352.

fallend wenige eigenständige strategische Überlegungen gab, sondern diese eher im laufenden Geschäft oder gar im Nachhinein angestellt und mit Sinn aufgeladen wurden. Dennoch entsprachen die Verhandlungspositionen und tendenziell auch deren Ergebnisse den eigenen Interessen. Insofern trug das Antlitz der Globalisierung im Bereich des Handels durchaus Züge der EG.

Konkret äußerte sich dies darin, dass die EEA die Marktmacht der EG und damit auch ihre Verhandlungsposition in den Genfer GATT-Verhandlungen stärkte. Das galt umso mehr, da die Gemeinschaft nunmehr nicht mehr nur neun, sondern seit der Süderweiterung um Griechenland (1981) sowie Spanien und Portugal (beide 1986) zwölf Mitgliedstaaten umfasste. Zugleich reduzierte die Akte die Möglichkeiten der Mitgliedstaaten, in ihre jeweiligen Volkswirtschaften unilateral zu intervenieren. Im Vergleich dazu brach sich ein gemeinsamer, stärker regelbasierter und weniger politisch steuerbarer Ansatz weiter Bahn. Damit übersetzte sich eine zunächst primär nach Innen gerichtete Liberalisierungsagenda mittelfristig auf die Außenbeziehungen.[22]

Vor diesem Hintergrund, und unter noch stärkerem Druck durch die USA, zeigte sich die EG nun erstmals bereit, ihren Agrarprotektionismus signifikant zu reduzieren, was sich 1992 auf transatlantischer Ebene im Blair House Abkommen zum Subventionsabbau niederschlug und im Innern der Gemeinschaft in der MacSharry-Reform.[23] Der

---

[22] Vgl. Preeg, The Uruguay Round Negotiations and the Creation of the WTO, in: Narlikar/Daunton/Stern (Hgg.), *The Oxford Handbook on World Trade Organization*, 2012, 122–137.

[23] Vgl. zu den Agrarbeschlüssen Josling/Tangermann/Warley, *Agriculture in the GATT*, 1996, 133–243; Meunier, *Trading Voices* (Anm. 3), 102–124.

Weg dorthin war durchaus steinig – ein offenherziger deutscher Diplomat hatte eine im Dezember 1990 gescheiterte Verhandlungsrunde laut eines internen Schweizer Dokumentes selbstkritisch mit „franzoesische[r] intransingenz und deutsche[m] bloedsinn" erklärt,[24] während der Generaldirektor des GATT, der Schweizer Arthur Dunkel, in einem Gespräch mit Kommissionspräsident Delors knapp einen Monat später für den Fall des Scheiterns ein Horrorszenario mit „mesures unilatérales, détériorisation de l'atmosphère dans le GATT, escalade vers une guerre commerciale pour arriver enfin à une situation comme elle existait avant la création du GATT" ausmalte.[25] Letztlich gelang jedoch eine weitere deutliche Zollsenkung (36 Prozent vom Zollniveau bei den Industriestaaten; 24 Prozent bei Entwicklungsländern). Bei den NTHs kam es ebenfalls zu einer deutlichen Reduktion. Die rasche Zunahme des Welthandels seit den 1990er Jahren, auf die *Jan-Otmar Hesse* in seinem Beitrag verweist, ist nicht zuletzt vor diesem Hintergrund zu sehen, und wiederum verbirgt sich dahinter kein Abbau, sondern ein Umbau der Ordnung im Bereich des Weltwarenverkehrs.

Auch in der Uruguay-Runde ging die Initiative stark von den Vereinigten Staaten aus, und wie in den vorherigen Runden setzte das ungleiche Tandem aus USA und EG dem Ergebnis seinen prägenden Stempel auf. Ein wesentlicher Kontextfaktor hierfür war der Aufstieg des Washington Consensus in Bezug auf die Entwicklung der

---

[24] Schweizer Bundesarchiv Bern, Alfred Hohl, Botschaft Bonn, an Botschafter David de Pury u. a., 13.12.1990, https://dodis.ch/54811 (30.1.2025).

[25] HAEU, JD-1280, Entretien Jacques Delors avec Arthur Dinkel, 10.1.1991.

sogenannten Entwicklungsländer.[26] Die EG/EU selbst wurde hier aufgrund ihrer Marktgröße und ihrer kohärenten Verhandlungsposition mehr als je zuvor zu einem aktiv gestaltenden Faktor, der gerade bei den NTHs den Gang der Entwicklung im Sinne einer Liberalisierung beeinflusste. Die EG stand für ein regelbasiertes, multilaterales Handelsregime; sie wurde nunmehr beides zugleich: Gestalterin der Globalisierung sowie Exporteurin ihrer regulatorischen Praxis.[27] Denn die EG/EU war, wie Bernard M. Hoekman und Petros C. Mavroidis kürzlich betont haben, zum Beispiel an einer Innovation wesentlich beteiligt: der Vereinbarung über Regeln und Verfahren zur Beilegung von Streitigkeiten (*Dispute Settlement Unterstanding*) mit einem mehrstufigen Verfahren inklusive eines Berufungsgremiums, des 1995 eingerichteten *Appellate Body*. Insgesamt entstand ein obligatorisches, zwischenstaatliches Verfahren der Streitbeilegung, das die Sicherheit und Vorhersehbarkeit multilateralen Handels deutlich stärkte.[28] Dieses regelbasierte System marktlibe-

---

[26] Vgl. hierzu Daunton, *The Economic Government of the World*, 2023, 593–630.

[27] Vgl. De Bièvre/Poletti, The EU in Trade Policy: From Regime Shaper to Status Quo Power, in: Falkner/Müller (Hgg.), *EU Policies in a Global Perspective*, 2014, 20–37.

[28] Vgl. Hoekman/Mavroidis, Burning Down the House? The Appellate Body at the Center of the WTO Crisis, in: Hoekman/Zedillo (Hgg.), *Trade in the 21st Century*, 2021, 243–272; De Bièvre/Poletti, The EU in Trade Policy (Anm. 27), 29–30; Coppolaro, Globalizing GATT (Anm. 21); mit zeitlich längerer Perspektive Tietje, Die historische Entwicklung der rechtlichen Disziplinierung technischer Handelshemmnisse im GATT 1947 und in der WTO-Rechtsordnung, *Arbeitspapiere aus dem Institut für Wirtschaftsrecht* 4/2002; aus der Binnenperspektive: Steger, The Founding of the Appellate Body, in: Marceau (Hg.), *A History of Law and Lawyers in*

raler Öffnung – mit allen damit verbundenen Vor- und Nachteilen – bildete einen wesentlichen Stützpfeiler für die Globalisierung des weltweiten Handels, bevor der *Appellate Body* Ende 2019 de facto beschlussunfähig wurde.[29] Zugleich unterstreicht das Gremium die Rolle des Rechts in der Globalisierung – dieses Ergebnis von Uruguay ist entsprechend mit der Formel „laywers triumph over diplomats" beschrieben worden.[30]

Soweit zum GATT-Kontext, der uns bis zur Jahrtausendwende führt. Zum letzten Vierteljahrhundert nur so viel: Nach der Transformation des GATT in die WTO konnte die EU in der bislang erfolglosen Doha-Runde zwar ihre aktive Rolle beibehalten, dem bisherigen Duopol von USA und EU gelang es gleichwohl nicht mehr, seine bisherige Führungsrolle einzunehmen, was sich nicht zuletzt aus dem Aufstieg anderer Mächte wie Brasilien und Indien, mittelfristig aber besonders von China, erklärt. Die WTO wurde schon lange vor der unübersehbaren Handlungsunfähigkeit seit 2019 de facto dysfunktional; sie hat nie wirklich die Nachfolge des GATT antreten können.[31]

Um abschließend für diesen Teil die Gründe für die Stärke der EU im GATT-Kontext knapp zusammenzufassen: Neben der Größe ihres Marktes, dem durch das Pa-

the GATT/WTO, 2015, 447–465; HAEU, INT 950, Interview Roderick Abbott, 8.11.2016.

[29] Vgl. Kaijun Pan, Breaking the Impasse of Appointing Members of the WTO Appellate Body, Trade Review (2025), doi:10.1017/S1474745624000648 (1.9.2023), auch zu dem temporäreren Ersatzsystem, das die EU seitdem mit 25 anderen WTO-Mitgliedern vereinbart hat.

[30] Young, Dispute Resolution in the Uruguay Round: Lawyers Triumph over Diplomats, *International Lawyer* 29 (1995), 389–409.

[31] Vgl. dazu und den Gründen knapp im Überblick De Bièvre/Poletti, The EU in Trade Policy (Anm. 27), 30–33.

radox der Schwäche geprägten gemeinsamen Mandat der Europäischen Kommission sowie der geopolitischen wie regulatorischen Nähe zu den USA kam ein weiterer Faktor hinzu: der regulatorische Vorlauf der EG in ihrem Innern, der ihren Vorschlägen auf internationaler Ebene insofern immer wieder einen relativen Vorsprung gab, als dass ihnen eine erhöhte Komplexität eingeschrieben war: Immerhin hatte die Gemeinschaft bereits in ihrem Innern durch Verhandlungen zwischen ihren Mitgliedstaaten eine praktikable Lösung gefunden, die insofern ein gesteigertes Potenzial hatte, auch nach außen hin auf internationaler Verhandlungsebene vermittelbar zu sein.

III. Weltrolle durch den „Brussels Effect"

Damit zum zweiten Teil des Beitrags und zu weiteren Faktoren und Kontexten, mit denen die EU im Untersuchungszeitraum im Modus des Rechts die Globalisierung gestaltete. Im Folgenden geht es um Formen *horizontalen* regulatorischen Transfers,[32] das heißt um Anreizstrukturen und Praktiken, aufgrund derer sich Drittstaaten (oder Unternehmen in diesen) selektiv an das regulatorische Gerüst der EU anpassen, ohne dass es dafür eines gemeinsamen Daches wie des GATT bedürfte. Der Bedeutungsgewinn horizontalen regulatorischen Trans-

---

[32] Vgl. zu diesem Begriff Blauberger/Krämer, European Competition vs. Global Competitiveness: Transferring EU Rules on State Aid and Public Procurement beyond Europe, *Journal of Industry, Competition and Trade* 13 (2013), 171–186; ferner z.B. Meyer, *Grenzen und Entwicklungsmöglichkeiten des Souveränitätsprinzips in transnationalen Handelsbeziehungen*, 2018.

fers seit den 1990er Jahren erklärt sich nicht zuletzt aus der eben angedeuteten Dysfunktionalität der WTO seit dem Ende der Uruguay-Runde und der Tatsache, dass die USA handelspolitisch anders als im Kalten Krieg fortan keine Führungsrolle mehr für die (westliche) Welt einnahmen. Der „Brussels Effect" ist in Teilen somit schlicht und ergreifend der Versuch, ein regulatorisches Vakuum zu füllen.[33] Zugleich ist er grundsätzlich asymmetrisch angelegt, da das mit der EG/EU interagierende Völkerrechtssubjekt auf diese nicht in gleichem Umfang regulatorischen Einfluss ausübt.[34]

In Bezug auf die horizontale Dimension liegen bei (potenziellen) Beitrittskandidaten oder der Europäischen Nachbarschaftspolitik Sondersituationen vor, da hier jeweils ein solcher Übertrag von der EU an Dritte aus naheliegenden Gründen besonders weitgehend ist.[35] Diese sollen deswegen ebenso ausgeklammert werden, wie das Verhältnis zu jenen Staaten, mit denen die EU spezifische Wirtschaftspartnerschaftsabkommen unterhält – d.h. die AKP-Staaten des Globalen Südens, bei denen der regulatorische Einfluss ebenfalls besonders weit geht. Außen vor bleibt auch ein weiterer spannender Sonderfall: Das Vereinigte Königreich der post-Brexit-Gegenwart, in dem sich die regulatorische Abkoppelung als so immens viel

---

[33] Vgl. etwa am Beispiel der Umweltpolitik dazu Kelemen, Globalizing European Union Environmental Policy, *Journal of European Public Policy* 17 (2010), 335–349.

[34] Vgl. am Beispiel des grenzüberschreitenden Handels mit Lebensmitteln Meyer, *Grenzen und Entwicklungsmöglichkeiten* (Anm. 32).

[35] Vgl. zum damaligen Stand Gstöhl, Political Dimensions of an Externalization of the EU's Internal Market, *EU Diplomacy Papers* 3/2007.

schwieriger erweist, als das Brexit-Lager der Bevölkerung stets weiszumachen versuchte.[36] Vielmehr soll ohne territoriale Spezifizierung in Anknüpfung an Anu Bradford über den „Brussels Effect" allgemein nachgedacht werden.[37]

Laut dem „Brussels Effect" waren es eben nicht nur die Liberalisierungsagenda an sich und die wichtige Rolle der EG beim Abbau der NTHs, welche ihren globalen Einfluss im Zeitraum begründeten, sondern auch die globalen Implikationen der in ihrem Innern geltenden Standards, vor allem seit den 1990er Jahren. Wenn vorhin vom Engagement für Multilateralismus die Rede war, lohnt es sich nun, genauer hinzusehen – denn was die EU als multilateral verstand, war de facto oft eine unilaterale Orientierung an ihren eigenen regulatorischen Präferenzen im multilateralen Deckmantel, angetrieben durch die Kraft von Marktmechanismen.[38]

---

[36] Vgl. hierzu https://ukandeu.ac.uk/research-papers/uk-eu-regulatory-divergence-tracker-eighth-edition-2/ (30.1.2025); sowie nun Vogenauer, „Taking Back Control of our Laws"? Zur Weitergeltung europäischen Rechts im Vereinigten Königreich nach dem Brexit, *JuristenZeitung* 79 (2024), 209–221.

[37] Vgl. insgesamt hierzu Bradford, *The Brussels Effect*, 2020, wobei das Folgende manche ihrer Punkte etwas anders auslegt oder entwickelt.

[38] Vgl. zum Wechselverhältnis von universalen und partikularen Ansprüchen in diesem Zusammenhang Bradford / Posner, Universal Exceptionalism in International Law, *Harvard International Law Journal* 52 (2011), 1–54; vgl. außerdem als Beispiel für die (damals zumindest mittelfristig geplanten) Grenzen der Liberalisierung am Beispiel des Marktes für Automobile Ballor, Liberalisation or Protectionism for the Single Market? European Automakers and Japanese Competition, 1985–1999, *Business History* 65 (2023), 302–328.

Folgt man Bradford, so lässt sich in der zweiten Hälfte der 2000er Jahre ein wichtiger Wandel ausmachen: War der Außeneffekt bis dahin hauptsächlich beiläufiges Nebenprodukt von Binnenregulierung geblieben, bildete sich seit damals ein expliziter Gestaltungswille auf globaler Ebene heraus, laut dem die EU ihre regulatorischen Standards auch auf globaler Ebene durchzusetzen suchte. Folgt man Bradford, hat sich die EU ungefähr seit 2007 über eine eher passiv-unbewusste Rolle hin zu einer proaktiven Gestalterin der ökonomischen Globalisierung mit entsprechendem Selbst- und Sendungsbewusstsein entwickelt. Seeley lässt grüßen – darauf wird gleich noch einmal zurückzukommen sein.[39]

Es geht im Folgenden weniger darum, die inneren Gründe dieser Entwicklung zu untersuchen, als vielmehr zwei andere Faktoren zu beleuchten: Zum einen soll anknüpfend an Bradfords Bemerkungen nach den strukturellen Gründen gefragt werden, warum sich Akteursgruppen in anderen Weltteilen auf die Brüsseler Agenda einlassen. Zum anderen soll die Reichweite dieser Befunde genauer begrenzt und qualifiziert werden.

Bradford benennt fünf Faktoren des „Brussels Effects", der weder aus Zwangsmaßnahmen bestehe noch aus einer rein abstrakt gedachten Marktmacht, sondern aus der konkreten regulatorischen Macht der EU, die jedoch weit über ihren formalen Geltungsbereich ausstrahlt.

Erstens erweist sich die schiere Größe des Marktes als wichtig – und damit ein Faktor, dessen Bedeutung schon im ersten Teil des Beitrags knapp angedeutet wurde, hier aber etwas weiter ausgeführt werden soll. Für einen auf globaler Ebene systemischen Effekt erweist sie sich als

---

[39] Vgl. Bradford, *The Brussels Effect* (Anm. 37), v. a. 5–26.

eine notwendige, aber zugleich nicht als eine hinreichende Bedingung. Die EG der Sechs – also Belgien, die Bundesrepublik, Frankreich, Italien, die Niederlande und Luxemburg – verantwortete 1958 stolze 15 Prozent des Welthandels. Damit war sie nach den USA mit 17 Prozent schon damals der zweitgrößte Handelsblock. Bereits mit der Norderweiterung von 1973 um das Vereinigte Königreich, Dänemark und Irland stieg der EG-Anteil auf 20 Prozent an. Fortan bildete die Gemeinschaft den größten Handelsblock der Erde, was sich durch spätere Erweiterungsrunden noch verstärkte.[40] Da die EG nicht nur exportstark war, sondern auch massiv importierte (sie ist heute der zweitgrößte Importeur von Waren und der größte von Dienstleistungen; außerdem hat sie global einen der größten Konsummärkte),[41] haben die in ihr geltenden Maßstäbe spätestens seit der Norderweiterung der frühen 1970er Jahre hohes Potenzial, globale Wirkung zu entfalten. Bradford unterstreicht zurecht, dass der „Brussels Effect" besonders dann naheliegend ist, wenn ein Unternehmen aus einem Drittstaat über einen recht kleinen Binnenmarkt verfügt, dagegen das Gros seiner Produkte in die EG/EU einführt – dann sind die europäischen Standards besonders wichtig. Umgekehrt ist der Einfluss auf Staaten oder Unternehmen, die sich primär auf andere Märkte als den europäischen konzentrieren, entsprechend kleiner.

Zweitens muss das hinzukommen, was Bradford regulatorische Kapazitäten nennt – das heißt eine institutionelle Architektur, welche die Durchsetzung der eigenen Rechtsstandards garantiert und in einem zweiten Schritt

---

[40] Vgl. Coppolaro, The EC in the GATT Trade Regime (Anm. 5), 129, 133.

[41] Vgl. Bradford, *The Brussels Effect* (Anm. 37), 27.

nach außen hin begünstigt und befördert. Dazu gehört ein hohes Maß an Expertise und politischer Schlagkraft, aber auch die Fähigkeit, Verstöße sanktionieren zu können. All dies trifft, wie oben bereits angedeutet, vor allem seit der zweiten Hälfte der 1980er Jahre zu, als die Integration deutlich an Dynamik gewann und ihre Möglichkeiten der Marktregulierung potenzierte.[42] Tragende Rollen spielten dabei der Europäische Gerichtshof und die Kommission, die sich jeweils aktivistisch für den Aufbau regulatorischer Kapazitäten einsetzten. Giandomenico Majone sprach vor diesem Hintergrund schon Mitte der 1990er Jahre von einem „rise of the regulatory state in Europe" – in diesem Sinne sollte man Liberalisierung nicht mit Deregulierung gleichsetzen.[43]

Für den Aufbau solcher regulatorischen Kapazitäten spricht neben dem offensichtlichen Motiv, das Schutzniveau in Bezug auf Fragen der Umwelt, der Hygiene oder etwa des Konsums zu erhöhen oder die eigene Macht auf globaler Ebene zu mehren, ein für die EU spezifisches Motiv. Gerade Europäischem Gerichtshof und Kommission war immer besonders daran gelegen, per Regulierung den Binnenmarkt über divergierende nationale Regelungen hinauszuheben. Dazu bedarf es nicht immer der Vollharmonisierung; aufbauend auf dem *Cassis de Dijon*-Urteil des Gerichtshofs von 1979 ist dies auch per gegenseitiger Anerkennung möglich, wobei die EU dabei die starke Tendenz ausgebildet hat, ein hohes Schutz- und Re-

---

[42] Vgl. zusammenfassend Patel/Röhl, *Transformation durch Recht* (Anm. 18).

[43] Majone, The Rise of the Regulatory State in Europe, *West European Politics* 17 (1994), 77–101; vgl. auch Majone, *Europe as a Would-be World Power*, 2009.

gulierungsniveau anzulegen – nicht zuletzt, um so größere Akzeptanz für das Einigungsprojekt in der Bevölkerung zu gewinnen. Zugleich kommen die regulatorischen Kapazitäten der EU einem Flickenteppich gleich. Diese sind formal dort am stärksten, wo die EU ausschließliche Kompetenzen innehat, wie etwa im Bereich des Wettbewerbsrechts; für die Außenhandelspolitik sei für den GATT-Kontext nochmals an das Paradox der Schwäche erinnert. Neben Bereichen mit geteilter Kompetenz gibt es jedoch auch jene, in denen der Einfluss der EU gering geblieben ist, wie etwa die Unternehmensbesteuerung oder die Felder Erziehung und Kultur. Um diesen zweiten Punkt knapp zusammenzufassen: Der Wille und gewisse Möglichkeiten zur Regulierung sind sehr wohl vorhanden, aber sehr ungleichmäßig in der Praxis ausgebildet.

Drittens sei darauf aufbauend auf eine Tendenz zur Problemlösung per Regulierung verwiesen. Diese basiert auf einem spezifischen Umgang mit Risiken, der Rolle der Öffentlichkeit sowie dem Glauben an die politisch-administrative Steuerbarkeit im Vergleich zu einer Präferenz marktförmiger Ansätze. Gerade im Vergleich zum US-Recht ist das EU-Recht grundsätzlich pro-regulatorisch, was sich in der Haltung der prägenden Mitgliedstaaten reflektiert und etwa an Umwelt- oder Sozialstandards konkretisiert. Die europäische Grundhaltung, mit Risiken eher durch vorbeugende staatliche Regulierung mit administrativer Durchsetzung als über nachgelagerte Rechtsdurchsetzung auf dem Prozessweg in Gerichten und über Schadensersatzklagen umzugehen, erhöht die Tendenz zu bindenden Standards. Auch hier wurden somit zunächst im Innern entwickelte Standards nach außen exportiert. Ein Beispiel für diesen Ansatz bildet der Umgang mit genetisch modifizierten Lebensmitteln, den GMOs, der aufgrund divergierender Problemlösungsansätze zu viel Streit im transatlantischen Verhältnis geführt hat.[44] Zugleich ist klar, dass Sojaproduzenten in Brasilien und den USA, Maisproduzenten in Argentinien und der Ukraine, Tomatenexporteure aus Marokko und China sich an die GMO-Auflagen der EU halten müssen, wenn sie in diesen Markt exportieren wollen. Pointiert gesagt: *Trial and error* lässt die EU hier nicht zu!

Viertens erklärt sich der Effekt daraus, dass er sich hauptsächlich auf unelastische Ziele bezieht, d. h. solche Produkte und Hersteller, die regulatorischen Veränderungen vergleichsweise wenig entgegensetzen können. Sie können nicht so leicht auf andere Märkte ausweichen und nicht davon ausgehen, dass die Konsumenten ihnen in andere regulatorische Räume folgen werden. Konkret: Der EU-Markt ist so groß und wichtig, dass viele Hersteller es sich nicht leisten können, ihn zu ignorieren. Außerdem werden die meisten iPhone-Besitzer nicht in die USA, nach Südafrika oder China fliegen, um sich das neueste Gerät dort zu kaufen; dasselbe gilt mehr noch beim Erwerb eines Autos oder eines Apfels. Insofern sind Unternehmen der gewerblichen Wirtschaft oft an die Standards der EU gekettet, da für sie die unelastische Logik des Konsummarktes ausschlaggebend ist und nicht jene Standards, die am Ort der Herstellung gelten. Dagegen sind viele Teile des Finanzsektors aufgrund seiner Produkte deutlich elastischer – in diesem Segment sind die Transaktionskosten niedriger als in der gewerblichen Wirtschaft, wenn man sich neue Märkte erschließen möchte. Auch der Konsum

[44] Vgl. etwa Falkner (Hg.), *The International Politics of Genetically Modified Food*, 2006; zur Frage von Sicherheitskulturen aus juristischer Perspektive etwa Haltern, *Europarecht*, 2007, 765.

ist weniger territorial und damit regulatorisch gebunden. Dasselbe gilt etwa für das Gesellschaftsrecht sowie das Seerecht.

Fünftens schließlich kommt ein Faktor hinzu, der wie der vierte über das im ersten Teil des Beitrags Behandelte hinausreicht, da beide die Rolle der Marktteilnehmer stärker in den Vordergrund stellen. Dieser letzte Faktor hilft besonders zu erklären, warum das EG/EU-Recht global wirksam werden kann. Demzufolge ist es für Multinationale Unternehmen oft einfacher, sich am hohen regulatorischen Standard der EU für all ihre Produkte, unabhängig von ihrem Zielort, zu orientieren, als zielmarktspezifisch unterschiedliche Standards anzulegen. Diese Unteilbarkeit erklärt sich somit aus der freiwilligen Selbstbindung der Produzenten, die durch Standardisierung ihre Stückkosten senken. Marktspezifische Anpassungen sind oft teurer als eine solche Vereinheitlichung, wobei Bradford in diesem Zusammenhang noch zwischen rechtlicher, technischer und ökonomischer Unteilbarkeit unterscheidet. Während die juristische Dimension etwa das Einhalten des EU-Wettbewerbsrechts meint, zielt die technische Unteilbarkeit auf den Aufwand oder die Machbarkeit für ein Unternehmen. So verbaut zum Beispiel Apple seit Herbst 2023 in seinen neuesten Handys weltweit USB C-Anschlüsse, weil das ab 2024 in der EU verpflichtend wird – offensichtlich vermeidet man den aufwendigeren Weg, technische Subsysteme je nach Markt aufzubauen.[45] Ähnlich ent-

[45] Vgl. z. B. Ray, „We have no Choice“: Apple Says iPhones Will Switch Over to USB-Charger to Comply With New EU Law, *Forbes* v. 26.10.2023, https://www.forbes.com/sites/siladityaray/2022/10/26/weve-no-choice-apple-says-iphones-will-switch-over-to-usb-c-chargers-to-comply-with-new-eu-law/ (30.1.2025).

scheidet sich so mancher Maisproduzent in einem Drittland angesichts der schon erwähnten GMO-Regelungen der EU. In diesem Fall wäre es technisch machbarer, zu separaten Lösungen zu kommen und nur auf einen Teil der Fläche die europäischen Maßstäbe anzuwenden. Dieser Ansatz ist jedoch aus ökonomischen Gründen – als Bradfords dritter Dimension – nachteilig. Um das an einem weiteren Beispiel näher zu erläutern: So war es bei dem Skandal um hormonbehandeltes Rindfleisch für manche (natürlich nicht alle!) amerikanische Produzenten nach dem Importstopp der EG 1988 einfacher, auf diese umstrittene Praxis ganz zu verzichten, als verschiedene Produkte für den heimischen und den europäischen Markt anzubieten.[46] Verstärkt wird dieser Effekt noch dadurch, dass sich andere Gesellschaften immer wieder dem hohen europäischen Schutzniveau angeschlossen haben.

Selbstverständlich hat auch dieser fünfte Aspekt klare Grenzen – sonst wären die Arbeitsbedingungen im Globalen Süden gleich reguliert wie in der EU; sonst würde Coca-Cola den Grad der Süße seines Produkts nicht an lokale Präferenzen und rechtliche Rahmenbedingungen anpassen. Viele andere Beispiele ließen sich nennen; wie auch die anderen vier Faktoren handelt es sich lediglich um eine prägende Tendenz, nicht aber um eine allumfassende Praxis.

Im Ergebnis hat der „Brussels Effect", wie Bradford unterstreicht, den globalen Handelsverkehr wesentlich geprägt. Das hat nicht nur eine qualitative, sondern auch eine

[46] Vgl. zeitgenössisch etwa Peterson / Paggi / Henry, Quality Restrictions as Barriers to Trade: The Case of European Community Regulations on the Use of Hormones, *Western Journal of Agricultural Economics* 13 (1988), 82–91.

normative Seite. Während die ältere Globalisierungsliteratur unterstrich, dass Globalisierung regulatorisch einem „race to the bottom“ gleichkäme,[47] weist die Rolle der EU und ihres Rechts in die Gegenrichtung. Tendenziell steht sie für Aufwärtsregulierung: Hersteller aus der ganzen Welt, die in ihren Markt importieren wollen, müssen sich an ihren tendenziell hohen Standards ausrichten, wie sie in Artikel 3 Absatz 3 des EU-Vertrags und Artikel 114 Absatz 3 im Vertrag über die Arbeitsweise der EU festgelegt sind.[48] Dabei ist wichtig, diese Aussage richtig zu lesen: Sie meint nicht, dass in einem normativen Sinne alle oder auch nur die wichtigsten Probleme in überzeugender Weise angegangen und gelöst werden, in Bereichen wie Sozial-, Produktsicherheits-, Umwelt- oder Hygienestandards. Es handelt sich lediglich um eine *relative* Aussage, die bestehende regulatorische Systeme miteinander vergleicht und vor diesem Hintergrund zu diesem Ergebnis kommt. Entsprechend vielgestaltig sind die Deutungen – von jenen, die sagen, dass die EU ihre Geltungsmacht zu wenig nutze, um globale Ungleichheiten zu reduzieren und insofern zu sehr der Logik der Gewinnmaximierung verpflichtet sei (Christine Landfried), zu anderen, die darauf verweisen, dass deswegen der EU anderswo Heuchelei vorgeworfen werde (Angelika Nussberger), bis hin zum weit verbreiteten Argument, dass es sich um einen Überregulierung ohne Sinn und Verstand handele.[49]

---

[47] Vgl. als Überblick über die Debatte um die Jahrtausendwende Drezner, Globalization and Policy Convergence, *International Studies Review* 3 (2001), 53–78. In der Literatur ist dies auch als der „Delaware Effect“ bekannt.

[48] Vgl. die Verträge: C 326/15, Artikel 3; C 326/84, Artikel 114.

[49] Diese und weitere Positionen wurden etwa deutlich auf der

Die drei folgenden Blitzlichter sollen diese Ausführungen Bradfords knapp qualifizieren und einordnen:

Erstens zur Frage der Intentionalität: Bradford argumentiert, dass der „Brussels Effect" lange einen reinen Nebeneffekt der Binnenregulierung darstellte und sich vor allem aus der Sorge um die Integrität des Binnenmarktes erklärte. Insofern habe es sich um eine passive Externalisierung des Regelwerks gehandelt.[50] Erst seit der zweiten Hälfte der 2000er Jahre setze die EU den „Brussels Effect" wissentlich und strategisch, selbstbewusst und quasimissionarisch ein. Ihre Aussage erinnert sehr an Seeley. Entsprechende Quellen lassen sich recht leicht finden.[51] Allerdings hat das Kommissionsdokument von 1980 bereits gezeigt, dass sich zumindest gelegentlich schon in viel früheren Zeiten ein großes Selbstbewusstsein über die eigene Rolle im Welthandel ausmachen lässt. Gerade im Verhältnis zu den ehemaligen Kolonien, den so genannten AKP-Staaten, findet sich außerdem ein paternalistischer, sendungsbewusster Ansatz schon lange vor den 1980er Jahren. Der hohe Geltungs- und Gestaltungsanspruch wurzelt nicht zuletzt in den universalistischen Prämissen, die dem Einigungsprozess zu Grunde lagen und damit der Idee, ein Modell zu entwickeln, das nicht nur die Mitgliedstaaten zu einer „ever closer union" führe, sondern zugleich für eine wachsende Zahl weiterer Staaten und Gesellschaften attraktiv sei. Für diese Sicht steht etwa Artikel 131 des EWG-Vertrags von 1957, der die As-

Konferenz: https://www.apb-tutzing.de/Tagungsprogramme/2022/8-3-22-programm.pdf (30.1.2025).

[50] Vgl. Bradford, *The Brussels Effect* (Anm. 37), 21.

[51] Vgl. etwa das European Commission Staff Working Dokument SEC(2007) 1519, 20.11.2007.

soziierungspolitik gegenüber den (Ex-)Kolonien der Mitgliedstaaten definierte. Dort hieß es, dass diese Politik „in erster Linie den Interessen der Einwohner dieser Länder und Hoheitsgebiete dienen und ihren Wohlstand fördern [solle], um sie der von ihnen erstrebten wirtschaftlichen, sozialen und kulturellen Entwicklung entgegenzuführen".[52] Was sich auf den ersten Blick nach Anerkennung von Eigenständigkeit lesen mag, wird durch das Verb „entgegenführen" mit der überaus aktiven Rolle, die es für die EWG selbst reserviert, deutlich qualifiziert. Insofern lag der Assoziierungspolitik seit Anbeginn ein klares Sendungsbewusstsein zu Grunde. Übrigens prägt die zitierte Formulierung den *acquis communautaire* bis heute; sie findet sich wortgleich in Artikel 198 des Lissabonner Vertrags.[53] Diese Dimension eines europäischen Universalismus mit zivilisatorisch-missionarischen Untertönen und der Idee des Handels als Transmissionsriemens kann hier nur angedeutet werden; seine weitere Beforschung ist ein Desiderat künftiger Forschung.[54]

Zweitens muss die Ungleichmäßigkeit der Situation erneut unterstrichen werden. Anspruch und Praxis bei der Gestaltung des internationalen Handels im Kontext der Globalisierung wirkten sich sektoral und regional sehr

[52] Artikel 131 EWG-Vertrag, in Von der Groeben/Von Boeckh (Hgg.), *Kommentar zum EWG-Vertrag,* (Anm. 2), 482; dazu jetzt Eklund, Peoples, Inhabitants and Workers: Colonialism in the Treaty of Rome, *European Journal of International Law* 34 (2023), 831–854.

[53] Artikel 198, Vertrag von Lissabon, konsolidierte Fassung, 26.10. 2012, C 326/49.

[54] Vgl. dazu etwa auch am Beispiel von Präferenzabkommen Hafner-Burton, Trading Human Rights: How Preferential Trade Agreements Influence Government Repression, *International Organization* 59 (2005), 593–629.

unterschiedlich aus. In Bezug auf den ersten Teil des Beitrags sei noch einmal daran erinnert, wie grundlegend sich die Situation im Agrarbereich lange Zeit von derjenigen in der Industrie unterschied. Noch komplizierter würde das Bild, zöge man über die Warenmärkte hinaus weitere Bereiche wie die Finanzmärkte hinzu, in denen das „Projekt Europa“ im damaligen Zeitraum über deutlich weniger Kompetenzen verfügte. Gerade bei in den 1990er Jahren neu diskutierten Fragen wie dem Recht am geistigen Eigentum oder den Dienstleistungen ging das gemeinsame Mandat der Europäischen Kommission weniger weit als beim Warenhandel.[55] Auch auf die regionale Begrenztheit von GATT-Regelungen wurde bereits verwiesen – im Wesentlichen erstreckten sie sich auf den Westen des Globalen Nordens.

Nehmen wir als Beispiel für die Komplexität der Dynamiken etwa das Handelsverhältnis der EG zu China. Das Land hatte 1947 zu den Gründungsmitgliedern des GATT gehört, nach der Gründung der Volksrepublik 1949 seinen Sitz aber nie eingenommen; insofern galt das in Genf vereinbarte Regelwerk hier nicht.[56] China blieb im globalen Warenhandel nachrangig, auch nach Einsetzen der Öffnungspolitik Ende der 1970er Jahre. Und wenngleich die zentrale Rolle, die dem China-Geschäft seit den 2000er Jahren im Kontext der Globalisierung zukommt, noch überhaupt nicht absehbar war, konkurrierten seit den

---

[55] Vgl. Meunier/Nicolaïdis, Who Speaks for Europe? The Delegation of Trade Authority in the EU, *Journal of Common Market Studies* 37 (1999), 477–501; vgl. auch Meunier/Nicolaïdis, The European Union as a Conflicted Trade Power, *Journal of European Public Policy* 13 (2006), 906–925.

[56] Vgl. Li, Resumption of China's GATT Membership, *Journal of World Trade Law* 25 (1987), 25–48.

1980er Jahren die USA, Japan und Westeuropa um Handelsbeziehungen mit der Volksrepublik. Die Europäische Kommission setzte sich vor diesem Hintergrund, etwa im Kontext des ersten EG-China-Handelsabkommens von 1978, für eine Koordination der Position der Mitgliedstaaten ein. Wie Bertille James jüngst gezeigt hat, gelang es etwa im Bereich der Verhandlungen mit China im Textilbereich, durchaus mit einer Stimme zu sprechen. Wenn es um andere Fragen ging, wie etwa Exportfinanzierungen, verfolgten die Mitgliedstaaten dagegen durchaus unterschiedliche Interessen gegenüber der Volksrepublik und konkurrierten miteinander. Dies sei hier nur als ein Beispiel erwähnt, da man den Beitrag der EG/EU als eigenständige Gestalterin der Globalisierung jenseits der Mitgliedstaaten im Untersuchungszeitraum auch nicht überschätzen sollte. In manchen Fragen sprach die EG mit einer Stimme. In anderen Fragen fand Europäisierung jedoch insofern statt, als dass die Mitgliedstaaten sich gegenseitig beobachteten und ihre Handelskonditionen gegenüber der Volksrepublik etwas aneinander anpassten – nicht aber, um mit einer Stimme zu sprechen, sondern vielmehr, um den innereuropäischen Konkurrenten keinen Vorteil einzuräumen.[57]

Drittens war es ein recht überschaubarer Kreis im Dreieck von Politik, Administration und Expertise, in dem die wesentlichen Entscheidungen fielen. Dies verweist auf das Problem demokratischer Legitimation. Über die intergouvernementale Seite des Einigungsprojekts und die wachsende Rolle des Europäischen Parlaments waren

---

[57] Vgl. das laufende Promotionsprojekt an der LMU München: James, *The Relations of the European Community with the People's Republic of China*, 1978-1989 (unveröff. Diss. 2025).

die Entscheidungen des gemeinsamen Europa durchaus demokratisch legitimiert. Die Bürgerinnen und Bürger selbst wurden aber nie direkt gefragt, ob sie diesen Globalisierungskurs im Modus europäischer Integration mittrugen. Viele Einzelentscheidungen vollzogen sich auf einer sehr technischen Ebene, was ihren demokratischen Nachvollzug ebenfalls erschwerte. Lediglich in kurzen Momenten stießen die internationalen Verhandlungen auf vermehrtes öffentliches Interesse – vor allem dann, wenn sich die jeweilige Frage skandalisieren ließ und neben primär ökonomischen Punkten auch kulturelle Aspekte hatte und den „European way of life“ betraf. Das galt etwa für den Streit um US-amerikanisches „Hormonfleisch“ oder die GMO-Frage. Viele andere Aspekte, die für Produktion und Konsum ebenso bedeutsam waren, blieben dagegen außen vor. All dies erklärt auch den wachsenden Widerstand gegen den technokratisch-juristischen Ansatz zur Gestaltung der Globalisierung im Rahmen der EU, vor allem seit den späten 2000er Jahren. Das Drama um die Ratifizierung des Handelsabkommens mit Kanada 2017, als ein belgisches Regionalparlament phasenweise zum Vetospieler werden konnte, zeigt die Veränderungen der letzten Jahre auf. Unter dem Druck der öffentlichen Kritik spielen in Fragen des Handels mit Drittstaaten heute die Parlamente eine größere Rolle; auch die Straße lässt sich stärker mobilisieren. Handelspolitik als ein vormals dem Expertentum überlassener Bereich ist in unserer Zeit stark politisiert – mit allen Vor- und Nachteilen. Unter Letzteren sei hier nur auf die bisher nicht erwähnte ökologische Dimension verwiesen – Liberalisierungslogiken hatten für die Umwelt häufig problematische Konsequenzen, was im Untersuchungszeitraum zwar bekannt war, das politische Handeln aber nur unzureichend prägte.[58] In den veränderten Kontexten äußert sich so insgesamt ein Vertrauensverlust gegenüber jenem juristisch-regulatorisch unterfütterten Kurs der Globalisierung von den 1970er bis in die 2000er Jahre, der oft allzu einfach als „neoliberal" zusammengefasst wird, wiewohl sich gerade an der EU zeigt, wie sehr Regulierung diesen Prozess prägte. Zugleich spiegeln sich in diesem Gesamtzusammenhang die Veränderungen des Verständnisses und der Funktionsweise von Demokratie in westlichen Gesellschaften, die in den Dekaden seit 1945 deutlichem Wandel unterlagen. Hatte sich bereits seit den späten 1960er Jahren ein weniger institutionenfokussierter und elitenzentrierter Ansatz herausgebildet,[59] so legen die Ausführungen zu diesem Thema nahe, dass sich die Lesart von Demokratie in den 2000er Jahren einmal mehr verschob und zumindest punktuelle Formen zivilgesellschaftlicher Mobilisierung in vormals weniger politisierten Bereichen an Bedeutung gewannen.

Dass die Kommission und andere EG-Institutionen die internationale Dimension des europäischen Handels und ihre eigenen Kompetenzen nicht stärker thematisierten, wiewohl sie sich derer sehr wohl bewusst waren, hat besonders mit dem stets latenten Konflikt mit den Mitgliedstaaten über Zuständigkeits- und Machtfragen zu tun. Die Staaten haben Außenpolitik die längste Zeit als ihre *chasse guardée* verstanden und standen einer Kompetenzübertragung nach Brüssel gerade in diesem Bereich überaus

---

[58] Vgl. zum Kontext Patel, *Europäische Integration*, 2022, v.a. 105–117.

[59] Vgl. Conway, *Western Europe's Democratic Age*, 2020; vgl. aus anderer Perspektive z.B. auch Reid-Henry, *Empire of Democracy*, 2019.

misstrauisch gegenüber. In Fragen des Handels setzten sie einem solchen Transfer aufgrund der Logik des Einigungsprozesses mit seiner ökonomischen Ausrichtung weniger entgegen.[60] Dieser Prozess blieb für die Mitgliedstaaten aber nur akzeptabel, solange er unterthematisiert blieb. Auch dies erklärt den Mangel öffentlicher Debatten und den technokratischen Zug des hier Behandelten.

Aus demokratiehistorischer Perspektive als noch problematischer erscheint der Druck, den die Gemeinschaft auf Akteure in Drittstaaten ausübte – seien es deren Regierungen oder konkrete Betriebe. Dies hat etwa Katharina Meyer anhand der delegierten Betriebskontrollen im Bereich des Lebensmittelrechts herausgearbeitet. Konkret ist die Souveränität eines Herstellerstaats wie Argentinien doppelt betroffen – einerseits bezüglich der Mechanismen staatlicher Gewaltausübung sowie deren Legitimation, indem etwa die Europäische Kommission in dem Land per Delegation Kontrollen durchführen lassen kann; andererseits bezüglich der Ausgestaltung der konkreten Produktion, da sich argentinische Betriebe an die europäisch geprägten Vorgaben halten müssen.[61] Insofern hat europäische Einigung die Souveränität und potenziell auch die

[60] Vgl. Patel, *Projekt Europa* (Anm. 18), 22–64, 108–148.

[61] Vgl. Meyer, *Grenzen und Entwicklungsmöglichkeiten* (Anm. 32), v. a. 271–338. Dagegen hatte die ältere Literatur unter dem Stichwort „multilateral rule transfer" lediglich den Einfluss auf andere staatliche Systeme betont, nicht aber denjenigen auf die gewerbliche Produktion in einem Drittland, der wiederum das Regelsystem des Landes unter (legitimatorischen) Druck setzt; vgl. etwa Rousselin, The EU as a Multilateral Rule Exporter: The Global Transfer of European Rules via International Organizations, *KFG: The Transformative Power of Europe, Working Paper* 48 (2012). Zu Gegentendenzen zu der von Meyer charakterisierten Entwicklung etwa Slobodian, The Backlash against Neoliberal Globalization from Above: Elite Origins of

demokratische Kontrolle in Drittländern über den Umweg des „Brussels Effect" de facto unterspült.

Aus demokratiehistorischer Sicht ist weiterhin die globale Diskussion der damaligen Zeit über die Rolle Europas spannend und damit die Frage, wie anderswo über den Nexus in der EG/EU von Handels- und Demokratiefragen diskutiert wurde. Dazu muss hier ebenfalls ein Schlaglicht genügen. Blicken wir dafür für einen Moment nach Kanada und das Jahr 1991. In einer im Regierungsauftrag erstellten Studie fragte der Politikwissenschaftler Peter M. Leslie, ob die EG „a political model for Canada" sein könne. Leslie hatte sich für seine Studie von führenden EG-Experten wie Peter Ludlow und Jacques Pelkmans beraten lassen. Seine Studie argumentierte differenziert und unterstrich, dass je nach künftigem Entwicklungsszenario die europäische Erfahrung für Kanada hilfreich sein könnte. Seine Arbeit trug deutlich zur Differenzierung des Kenntnisstandes bei und klärte über damals kursierende Fehlwahrnehmungen, etwa zur Art des Verhältnisses zwischen ökonomischer und politischer Integration, auf. Letztlich kritisierte Leslie jedoch gerade die weitreichende Wirkung von Entscheidungen auf technokratischer Basis, etwa die „mutual recognition of regulations" sowie deren „lack of protection that Canadian provinces secured for themselves in 1982, when they successfully asserted the principle of ‚opting out' of constitutional amendments that reduce provincial powers or proprietary rights".[62] Leslie bietet damit ein faszinierendes Beispiel für eine global anhand des europäischen Projekts geführte Debatte, die über

---

the Crisis of the New Constitutionalism, *Theory, Culture & Society* 38 (2021), 51–69.

[62] Leslie, *The European Community*, 1991, 10.

die Opt-out-Klauseln des Maastrichter Vertrags für das Vereinigte Königreich und Dänemark bald auch auf das Binnengeschehen der EU Auswirkungen zeitigte. Insofern, so die zusammenfassende These hierzu, wuchs der Problemdruck in Bezug auf die demokratische Legitimation des „Projekts Europa" genau durch die Art, wie es als Reaktion auf Globalisierungsprozesse selbst zu einer Gestalterin von Globalisierung wurde.

Das galt umso mehr, da sowohl die EG wie auch Kanada in der Zeit vor großen Herausforderungen standen. Die Parallelen sowie die Verbindungslinien zwischen diesen arbeitete etwa ein bilaterales „European Community/Canada Joint Cooperation Committee" in einem internen Papier 1992 klar heraus und sah in der „regional economic integration" eine Gemeinsamkeit zwischen den beiden Regionen. Unter anderem bemühe man sich um eine „mutual recognition of testing and certification of regulated products".[63] Für Kanada war das insofern besonders wichtig, da die EG immerhin ihr zweitwichtigster Handelspartner war. Gleichzeitig beobachtete das Außenministerium in Ottawa mit Sorge die Tendenz, dass EG-Ansätze für Drittstaaten zunehmend relevant wurden, gerade durch die Standardisierungsbemühungen in der Gemeinschaft. Dabei verfolgte Ottawa einen „cooperative, not confrontational approach with respect to [sic!] development of EC standards harmonization and its global approach to certification and testing."[64] Insofern intensivierten sich in dieser

---

[63] Library and Archives Canada (LAC), Ottawa, Records of the Department of External Affairs, RG 25, vol. 25960, MF-13476, Report of European Community/Canada Joint Cooperation Committee, 20.9.1992.

[64] Vgl. etwa LAC, RG 25, vol. 27467, MF-13968, European Com-

Phase wechselseitige Beobachtung und Kooperation, und trotz der Betonung von Unterschieden stellte die EG für die kanadische Regierung nicht zuletzt in regulatorischen Fragen in Antizipation des „Brussels effect" einen wichtigen Diskussions- und Referenzpunkt dar. Und, um nur ein letztes Beispiel anzudeuten: Während man in Brasilien in den vorherigen Jahrzehnten die EG aufgrund ihres Protektionismus primär als „desafio", als Herausforderung, verstanden hatte, vermehrten sich nunmehr die Anteile, in denen es als „modelo" diskutiert wurde, nicht zuletzt im Kontext des 1991 gegründeten Mercosur als einer internationalen Wirtschaftsorganisation in Lateinamerika.[65] Aber bereits 1988 hatte etwa die einflussreiche *Gazeta Mercantil* die EG als „exemplo a ser seguido" (nachahmenswertes Beispiel) bezeichnet – nicht zuletzt, um Auslandsinvestitionen nach Südamerika zu bringen.[66] Fernando Henrique Cardoso, der damalige brasilianische Außenminister und spätere langjährige Präsident des Landes, brachte das Verhältnis 1993 anlässlich eines Besuchs des EU-Kommissars

munity Bureau, Europe 1992: Specific Issues for Concern, Draft, 28.5.1990; vgl. z. B. auch LAC, MG 32 B 43, vol. 210.

[65] Vgl. z. B. Celli Jr., Acordo Mercosul–União Europeia: Desafios e perspectivas para o Brasil, in: Monaco/Loula (Hgg.), *Direito internacional e comparado: Trajetória e perspectivas*, Bd. 2, 2021, 539–556; besonders gut greifbar wird diese Dimension in der Zeitungsausschnittsammlung des brasilianischen Außenministeriums zur inländischen Berichterstattung über das Verhältnis des Landes zur EG/EU, vgl. Senado Federal do Brasil, Biblioteca, Brasília, Coleção de recortes de jornais, durchgesehen für die Jahre 1980–2000.

[66] Comunidade Econômica Européia: exemplo a ser seguido, *Gazeta Mercantil*, 10.5.1988; vgl. etwa auch: A lição do Mercado Comum, *O Estado de São Paulo*, 30.6.1989.

Manuel Marín genau auf diese im Land ohnehin geläufige Formel: „Comunidade Européia: modelo e desafio.“[67]

IV. Schlussbetrachtung

Zusammenfassend lässt sich festhalten, dass Globalisierung und Regulierung keine Gegensätze sind, sondern die Globalisierung der Wirtschaftsbeziehung mit einer Globalisierung von Regulierung einherging. Genau an der Schnittstelle der beiden Prozesse lässt sich die EG/EU historisch lokalisieren. Insofern erlaubt sie auch wichtige Schlüsse für die Debatte der 1990er Jahre, ob Regionalismus multilaterale Liberalisierung und damit Globalisierung eher verhindere oder ermögliche – in ihrem Fall trifft eindeutig Letzteres zu.[68] Globalisierung führt nicht quasi-natürlich zu einem Abbau von Staatlichkeit oder von regionalen Organisationen zugunsten von Wirtschaftsinteressen; diese Logik des Nullsummenspiels geht nicht auf. Vielmehr ging die EU gestärkt aus der Globalisierung hervor, ohne dass damit gesagt ist, dass dies nicht auch für andere Akteursgruppen wie multinationale Unternehmen gilt.[69]

---

[67] Cardoso, Comunidade Européia: modelo e desafio (1993), in: ders., *Política externa em tempos de mudança*, 2002, 265–269; ausführlich zu der Sicht auf und die Interaktion mit der EG/EU in dieser Zeit jetzt: Patel, „Desafio“ or „modelo“? The European Union's International Trade and Brazil, 1980s–1990s, *European Review of History* (https://doi.org/10.1080/13507486.2025.2471801).

[68] Vgl. zu der Debatte etwa Bhagwati, Regionalism and Multilateralism: An Overview, in: De Melo/Panagariya (Hgg.), *New Dimensions in Regional Integration*, 1993, 22–51; Lawrence, *Regionalism, Multilateralism, and Deeper Integration*, 1996.

[69] Vgl. dazu etwa Rollings, Business and Global Capitalism: Con-

Dabei zeichnete sich die EG/EU immer durch eine Gleichzeitigkeit unterschiedlicher Positionen und Ansätze aus, die sich je nach Problem, Kompetenzverteilung, Gesamtkonstellation und anderen Punkten inhaltlich auffächerten; sie war in dieser Hinsicht – wie auch bei vielen anderen Fragen – eine „unentschiedene Macht“.[70] Zugleich gibt es auch nicht „die“ Haltung oder Rolle der USA oder eines anderen großen Akteurs in der Globalisierung. Festhalten lässt sich auf jeden Fall ein enormer Bedeutungsgewinn der EG/EU im hier untersuchten Zeitraum von den 1970er bis zu den 2000er Jahren, in dem die EG zwar nicht konsistent, jedoch zunehmend eine aktiv-gestaltende Rolle über ihren eigenen Wirtschaftsraum hinaus einnahm und die Tendenz hatte, den eigenen Ansatz als universalistisch zu verstehen. Wie der Beitrag über zwei Annäherungen an das Thema gezeigt hat, erklärt sich der wachsende Einfluss der EG/EU aus einem ganzen Bündel von Faktoren: aus der Größe ihres Marktes; der Spezifik des Verhandlungsmandats der Europäischen Kommission in manchen internationalen Foren; dem durch Kooperation und Konkurrenz gekennzeichneten regulatorischen Nahverhältnis zu den USA; den Spezifika von Regulation à la EG/EU (Tendenz, auf diese zu bauen; erhöhte Komplexität der Vorschläge durch innergemeinschaftlichen Vorlauf; regulatorische Kapazitäten) und dem Sog ihres Marktes für die anbietende Seite aufgrund der Unteilbarkeit der Märkte, besonders im Fall unelastischer Ziele. Über diese technischen Dimensionen hinweg verband das Projekt Europa seine Rolle im Welthandel mit Waren immer wieder mit

---

tinuities and Change, *Harvard Business School Working Paper* 22–081 (2022), 23–26.

[70] Schorkopf, *Die unentschiedene Macht*, 2023.

einem geradezu missionarischen Sendungsglauben. Dessen Geschichte weist zugleich weiter zurück als oft geglaubt.

Kann man deswegen frei nach Seeley vom Erwerb einer Vormachtrolle in a „fit of absence of mind" sprechen? Sicherlich nur in einem äußerst eingeschränkten Sinn. Der enorme Bedeutungszuwachs in regulatorischer Hinsicht hatte keine Parallelen in anderen Gesellschaftsbereichen, wie dem kulturellen oder dem sicherheitspolitischen, was die Gesamtrolle der EU auf der Weltbühne deutlich qualifiziert. Außerdem blieb die neue Rolle, wie schon gesagt, selbst im Bereich des Handels beschränkt.

Seeleys Charakterisierung ist jenseits der prägenden Eliten in Brüssel und den Hauptstädten jedoch in einer anderen Hinsicht interessant. Eine ernsthafte Selbstverständigung über die Rolle der EU auf globaler Bühne blieb in den Gesellschaften der Mitgliedstaaten weitgehend aus; bis heute wissen die meisten EU-Bürgerinnen und Bürger wenig bis nichts von dieser die Globalisierung gestaltenden Rolle ihrer Union. Heute, da die Hochphase des „Brussels Effect" angesichts der neuen Weltgeltung Chinas und der pandemie- und kriegsbedingten Debatten über die Verkürzung von Lieferketten und weiteren Faktoren wie Abschottung und einer Abkehr vom Multilateralismus zuletzt besonders deutlich in den USA, vorüber zu sein scheint,[71] ist das besonders problematisch: Das mangelnde Wissen über das Erreichte, über Verantwortung, Spiel-

[71] Bradford hat jüngst die These vertreten, dass der „Brussels Effect" nicht an Bedeutung verloren habe, sondern heute andere, v.a. politische Wirkung entfalte. Von einem stark multilateral ausgerichteten Instrument entwickele er sich stärker zu einem spezifisch an europäischen Interessen orientierten Faktor; vgl. Bradford, Europe's Digital Constitution, *Virginia Journal of International Law* 64 (2023), 1–68.

räume und Probleme dürfte es nur noch schwerer machen, über mögliche künftige Szenarien konstruktiv nachzudenken – und sich entsprechend auf mögliche Phasen von Deglobalisierung oder einem erneuerten Globalisierungsschub vorzubereiten.[72]

[72] Vgl. James, *Schockmomente*, 2022.

Literaturverzeichnis

Abe, Takeshi, The „Japan Problem": The Trade Conflict between the European Countries and Japan in the Last Quarter of the 20th Century, *Entreprises et histoire* 80 (2015), 13–35.

Abelshauser, Werner, *Wirtschaftsgeschichte der Bundesrepublik Deutschland 1945–1980*, Frankfurt am Main 1983.

–, Umbruch und Persistenz: Das deutsche Produktionsregime in historischer Perspektive, *Geschichte und Gesellschaft* 27 (2001), 503–523.

–, *Deutsche Wirtschaftsgeschichte seit 1945*, München 2004.

Aggarwal, Vinod K., *Liberal protectionism. The International Politics of Organized Textile Trade*, Berkeley u. a. 1985.

Ahrens, Ralf / Bähr, Johannes, *Jürgen Ponto. Bankier und Bürger; eine Biografie*, München 2013.

– / Gehlen, Boris / Reckendrees, Alfred (Hgg.), *Die „Deutschland AG". Historische Annäherungen an den bundesdeutschen Kapitalismus*, Essen 2013.

Altamura, Edoardo, *European Banks and the Rise of International Finance after Bretton Woods (1973–1982)*, Uppsala 2015.

–, Commercial Banking from Oil Crisis to Debt Crisis: The Case of Lloyds Bank, *Jahrbuch für Wirtschaftsgeschichte / Economic History Yearbook* 64 (2023), 469–487.

Andry, Aurélie Dianara, *Social Europe, the Road not taken*, Oxford 2022.

Arndt, Helmut, Jagdgründe für Elefanten. Gefährden die multinationalen Unternehmen den Wettbewerb und den freien Welthandel?, *Die Zeit* Nr. 10/1973 v. 2.3.1973.

Asai, Yoshio u. a. (Hgg.), *History of the IMF. Organisation, Policy and Market*, Tokio 2015.

Baldwin, Richard, *The Great Convergence. Information Technology and the New Globalization*, 1. Auflage, Cambridge u. a. 2016.

Ballor, Grace, Liberalisation or Protectionism for the Single Market? European Automakers and Japanese Competition, 1985–1999, *Business History* 65 (2023), 302–328.

–/Pitteloud, Sabine, Introduction: Capitalism and Global Governance in Business History, *Business History Review* 97 (2023), 459–479.

Barber, Benjamin R., *Strong Democracy. Participatory Politics for a New Age*, Berkeley 2004.

Beenstock, Michael, The Rise, Fall and Rise Again of OPEC, in: Michael J. Oliver/Derek Howard Aldcroft (Hgg.), *Economic Disasters of the Twentieth Century*, Cheltenham 2007, 133–161.

Berger, Helge/Ritschl, Albrecht, Die Rekonstruktion der Arbeitsteilung in Europa. Eine neue Sicht des Marshallplans in Deutschland 1947–1951, *Vierteljahrshefte für Zeitgeschichte* 43 (1995), 473–519.

Bergsten, Carl Fred/Green, Russell A. (Hgg.), *International Monetary Cooperation. Lessons from the Plaza Accord after thirty years*, Washington D. C. 2016.

Bhagwati, Jagdish, Regionalism and Multilateralism: An Overview, in: Jaime De Melo/Arvind Panagariya (Hgg.), *New Dimensions in Regional Integration*, Cambridge u. a. 1993, 22–51.

Biebricher, Thomas, *Neoliberalismus zur Einführung*, Hamburg 2012.

Bini, Elisabetta/Garavini, Giuliano/Romero, Federico (Hgg.), *Oil Shock. The 1973 Crisis and its Economic Legacy*, London/New York 2016.

Biss, Annika, *Die Internationalisierung der Bayerischen Motoren Werke AG. Vom reinen Exportgeschäft zur Gründung eigener Tochtergesellschaften im Ausland 1945–1981*, Berlin/Boston 2017.

Blauberger, Michael/Krämer, Rike, European Competition vs. Global Competitiveness: Transferring EU Rules on State Aid and Public Procurement beyond Europe, *Journal of Industry, Competition and Trade* 13 (2013), 171–186.

Bordo, Michael/Eichengreen, Barry J. (Hgg.), *A Retrospective on the Bretton Woods System. Lessons for International Monetary Reform*, Chicago 1993.

–/Monnet, Eric/Naef, Alain, The Gold Pool (1961–1968) and the Fall of the Bretton Woods System: Lessons for Central Bank Cooperation, *The Journal of Economic History* 79 (2019), 1027–1059.

Boughton, James M., On the Origins of the Fleming-Miundell Model, *IMF Staff Papers* 50 (2003), 1–9.

Bown, Chad/Irwin, Douglas A., The GATT's Starting Point: Tarif Levels Circa 1947, *NBER Working Paper* Nr. 21782 (2015).

Bradford, Anu, *The Brussels Effect. How the European Union Rules the World*, New York 2020.

–, Europe's Digital Constitution, *Virginia Journal of International Law* 64 (2023), 1–68.

–/Posner, Eric. A., Universal Exceptionalism in International Law, *Harvard International Law Journal* 52 (2011), 1–54.

Bretherton, Charlotte/Vogler, John, *The European Union as a Global Actor*, London/New York 2006.

Cardoso, Fernando Henrique, Comunidade Européia: modelo e desafio (1993), in: ders., *Política externa em tempos de mudança. Discursos, artigos e entrevistas*, Itajaí 2002, 265–269.

Celli Jr., Umberto, Acordo Mercosul–União Europeia: Desafios e perspectivas para o Brasil, in: Gustavo Ferraz de Campos Monaco/Maria Rosa Loula (Hgg.), *Direito internacional e comparado: Trajetória e perspectivas*, Bd. 2, São Paulo 2021, 539–556.

Chandler, Alfred D./Mazlish, Bruce (Hgg.), *Leviathans. Multinational Corporations and the New Global History*, Cambridge/New York 2005.

Chwieroth, Jeffrey M., *Capital Ideas. The IMF and the Rise of Financial Liberalization*, Princeton 2009.

Conway, Martin, *Western Europe's Democratic Age, 1945–1968*, Princeton/Oxford 2020.

Coppolaro, Lucia, *The Making of a World Trading Power. The European Economic Community (EEC) in the GATT Kennedy Round Negotiations (1963–1967)*, Farnham 2013.

–, Globalizing GATT: The EC/EU and the Trade Regime in the 1980s–1990s, *Journal of European Integration History* 24 (2018), 335–352.

–, In the Shadow of Globalization: The European Community and the United States in the GATT Negotiations of the Tokyo Round (1973–1979), *International History Review* 23 (2018), 752–773.

–, The EC in the GATT Trade Regime: A Power without Leadership, in: Ulrich Krotz/Kiran Patel/Federico Romero (Hgg.), *Europe's Cold War Relations. The EC Towards a Global Role*, London u.a. 2020, 127–144.

Dahl, Robert Alan, *Polyarchy. Participation and Opposition*, New Haven/London 1972.

Daunton, Martin, *The Economic Government of the World. 1933–2023*, New York 2023.

De Bièvre, Dirk/Poletti, Arlo, The EU in Trade Policy: From Regime Shaper to Status Quo Power, in: Gerda Falkner/Patrick Müller (Hgg.), *EU Policies in a Global Perspective. Shaping or Taking International Regimes?*, London/New York 2014, 20–37.

Delhomme, Vincent, Between Market Integration and Public Health: The Paradoxical EU Competence to Regulate Tobacco Consumption, *College of Europe Research Papers in Law* 1/2018.

Dietrich, Christopher R.W., *Oil Revolution. Sovereign Rights and the Economic Culture of Decolonization, 1945 to 1979*, Cambridge/New York u.a. 2017.

Doering-Manteuffel, Anselm, Nach dem Boom. Brüche und Kontinuitäten der Industriemoderne seit 1970, *Vierteljahrshefte für Zeitgeschichte* 55 (2007), 559–581.

–/Raphael, Lutz, *Nach dem Boom. Perspektiven auf die Zeitgeschichte seit 1970*, Göttingen 2012.

Doll, Josef, Wichtiges zum Gemüsebau, *Deutsche Gärtnerbörse* 15 (1959), 185–186.

Dølvik, Jon Erik, *An emerging island? ETUC, social dialogue and the Europeanisation of the trade unions in the 1990s*, Brüssel 1999.

Drezner, Daniel W., Globalization and Policy Convergence, *International Studies Review* 3 (2001), 53–78.

Dür, Andreas, *Protection for Exporters. Power and Discrimination in Transatlantic Trade Relations, 1930–2010*, Ithaca/London 2010.

Eckel, Jan, Neugeburt der Politik aus dem Geist der Moral – Erklärungen einer heterogenen Konjunktur, in: Jan Eckel/Samuel Moyn (Hgg.), *Moral für die Welt? Menschenrechtspolitik in den 1970er Jahren*, Göttingen 2012, 22–67.

–, „Alles hängt mit allem zusammen." Zur Historisierung des Globalisierungsdiskurses der 1990er und 2000er Jahre, *Historische Zeitschrift* 307 (2018), 42–78.

–, Politik der Globalisierung, *Vierteljahrshefte für Zeitgeschichte* 68 (2020), 451–480.

Eichengreen, Barry J., *Globalizing Capital. A History of the International Monetary System*, Princeton/New Jersey 1996.

Eklund, Hanna, Peoples, Inhabitants and Workers: Colonialism in the Treaty of Rome, *European Journal of International Law* 34 (2023), 831–854.

Falke, Andreas, Einflussverlust: Der Export(vize)weltmeister im Welthandelssystem des 21. Jahrhunderts, in: Thomas Jäger/Alexander Höse/Kai Oppermann (Hgg.), *Deutsche Außenpolitik. Sicherheit, Wohlfahrt, Institutionen und Normen*, Wiesbaden 2011, 296–322.

Falkner, Robert (Hg.), *The International Politics of Genetically Modified Food*, Basingstoke 2006.

Feenstra, Robert, Integration of Trade and Disintegration of Produktion in the Global Economy, *Journal of Economic Perspectives* 12 (1998), 31–50.

Ferguson, Niall u. a. (Hgg.), *The Shock of the Global. The 1970s in Perspective*, Cambridge 2010.

Findlay, Ronald/O'Rourke, Kevin H., *Power and Plenty. Trade, War, and the World Economy in the Second Millennium*, Princeton 2009.

Franck, Jens-Uwe, Vom Wert ökonomischer Argumente bei Gesetzgebung und Rechtsfindung für den Binnenmarkt, in: Karl Riesenhuber (Hg.), *Europäische Methodenlehre*, Berlin/Boston 2021, 97–130.

Giersch, Herbert/Paqué, Karl-Heinz/Schmieding, Holger, *The Fading Miracle. Four Decades of Market Economy in Germany*, Cambridge 1994.

Gieseke, Felix/Misterek, Fokko/Sick, Sebastian, *20 Jahre Europäische Aktiengesellschaft. 4 von 5 großen SE vermeiden paritätische Mitbestimmung*, 17.11.2021, https://www.mitbestimmung.de/html/4-von-5-grossen-se-vermeiden-19608.html (27.10.2024).

Germann, Julian, State-Led or Capital-Driven? The Fall of Bretton Woods and the German Currency Float Reconsidered, *New Political Economy* 19 (2014), 769–789.

–, *Unwitting Architect. German Primacy and the Origins of Neoliberalism*, Stanford 2021.

Graf, Rüdiger, *Öl und Souveränität: Petroknowledge und Energiepolitik in den USA und Westeuropa in den 1970er Jahren*, Berlin/München 2014.

Gray, William Glenn, Learning to ‚Recycle': Petrodollars and the West, 1973–75, in: Elisabetta Bini/Giuliano Garavini/Federico Romero (Hgg.), *Oil Shock. The 1973 Crisis and its Economic Legacy*, London/New York 2016, 172–197.

–, *Trading Power. West Germany's Rise to Global Influence, 1963–1975*, Cambridge/New York u.a. 2023.

Groß, Thomas, Unabhängige EU-Agenturen – eine Gefahr für die Demokratie?, *JuristenZeitung* 67 (2012), 1087–1093.

Gruber, Lloyd, *Ruling the World. Power Politics and the Rise of Supranational Institutions*, Princeton 2000.

Gstöhl, Sieglinde, Political Dimensions of an Externalization of the EU's Internal Market, *EU Diplomacy Papers* 3/2007.

Habersack, Mathias/Verse, Dirk Axel, *Europäisches Gesellschaftsrecht. Einführung für Studium und Praxis*, München 2019.

Hafner-Burton, Emilie M., Trading Human Rights: How Preferential Trade Agreements Influence Government Repression, *International Organization* 59 (2005), 593–629.

Haltern, Ulrich R., *Europarecht. Dogmatik im Kontext*, Tübingen 2007.

Heine, Klaus, *Regulierungswettbewerb im Gesellschaftsrecht. Zur Funktionsfähigkeit eines Wettbewerbs der Rechtsordnungen im europäischen Gesellschaftsrecht*, Berlin 2003.

Hesse, Jan-Otmar, Ökonomischer Strukturwandel: Zur Wiederbelebung einer wirtschaftshistorischen Leitsemantik, *Geschichte und Gesellschaft* 39 (2013), 86–115.

–, Wissenschaftliche Beratung der Wirtschaftspolitik. Das Bundeswirtschaftsministerium und die Volkswirtschaftslehre, in: Werner Abelshauser u. a. (Hgg.), *Das Bundeswirtschaftsministerium in der Ära der Sozialen Marktwirtschaft. Der deutsche Weg der Wirtschaftspolitik*, Berlin 2016, 391–481.

–, Mit Hayek in der Handtasche. Hat der Neoliberalismus die Welt verändert? Das Beispiel der bundesdeutschen Handelspolitik, in: Christian Marx/Morten Reitmayer (Hgg.), *Die offene Moderne – Gesellschaften im 20. Jahrhundert. Festschrift für Lutz Raphael zum 65. Geburtstag*, Göttingen 2020, 272–294.

–, *Exportweltmeister. Geschichte einer deutschen Obsession*, Berlin 2023.

Hilf, Meinhard/Petersmann, Ernst-Ulrich (Hgg.), *GATT und Europäische Gemeinschaft: Referate der Tagung des Arbeitskreises Europäische Integration e. V. in Bielefeld vom 6.–8. September 1984*, Baden-Baden 1986.

Hilpold, Peter, *Die EU im GATT/WTO-System. Aspekte einer Beziehung „sui generis"*, Baden-Baden 2019.

Hodson, Dermot/Maher, Imelda, *The Transformation of EU Treaty Making. The Rise of Parliaments, Referendums and Courts since 1950*, Cambridge 2018.

Hoekman, Bernard/Mavroidis, Petros C., Burning Down the House? The Appellate Body at the Center of the WTO Crisis, in: Bernard M. Hoekman/Ernesto Zedillo (Hgg.), *Trade in the 21st Century. Back to the Past?*, Washington D. C. 2021, 243–272.

Hohensee, Jens, *Der erste Ölpreisschock 1973/74. Die politischen und gesellschaftlichen Auswirkungen der arabischen Erdöl-*

politik auf die Bundesrepublik Deutschland und Westeuropa, Stuttgart 1996.

Hommelhoff, Peter, Europäisierung und Internationalisierung des Unternehmens- und Unternehmensrechts in Deutschland, in: Peter-Christian Müller-Graff / Herbert Roth (Hgg.), *Recht und Rechtswissenschaft. Signaturen und Herausforderungen zum Jahrtausendbeginn*, Heidelberg 2000, 133–158.

Irwin, Douglas A., The GATT's Contribution to Economic Recovery in Post-War Western Europe, in: Barry Eichengreen (Hg.), *Europe's Post-war Recovery*, Cambridge 1995, 127–150.

–, *Clashing over Commerce. A History of US Trade Policy, Markets and Governments in Economic History*, Chicago / London 2017.

James, Bertille, *The Relations of the European Community with the People's Republic of China*, 1978–1989: New Expectations and their Impact on EC Decision-Making, unveröff. Dissertation, Ludwig-Maximilians-Universität München, 2025.

James, Harold, *International Monetary Cooperation since Bretton Woods*, Washington D. C. / New York 1996.

–, *Schockmomente. Eine Weltgeschichte von Inflation und Globalisierung 1850 bis heute*, Freiburg 2022.

Jestaedt, Matthias, Verfassungsentwicklung in Permanenz. Zur Einordnung der Bemühungen um eine gesamtdeutsche Verfassung 1989–1994, in: Kerstin Brückweh (Hg.), *Die Wiederbelebung eines „Nicht-Ereignisses"? Das Grundgesetz und die Verfassungsdebatten von 1989 bis 1994*, Tübingen 2024, 205–232.

Jones, Geoffrey, *Multinationals and Global Capitalism. From the nineteenth to the twenty-first century*, Oxford 2005.

Josling, Timothy Edward / Tangermann, Stefan / Warley, Thorald Keith, *Agriculture in the GATT*, Basingstoke u. a. 1996.

Kaijun Pan, *Breaking the Impasse of Appointing Members of the WTO Appellate Body: A Perspective from International Institutional Law*, World Trade Review (2025), doi:10.1017/S1474745624000648.

Karczewski, Johannes von, *„Weltwirtschaft ist unser Schicksal". Helmut Schmidt und die Schaffung der Weltwirtschaftsgipfel*, Bonn 2008.

Kelemen, R. Daniel, Globalizing European Union Environmental Policy, *Journal of European Public Policy* 17 (2010), 335–349.

Kemmerer, Matthias, A Lost Game of Bank Bargains: West Germany and International Banking Regulation between Bretton Woods and Basel I (1972–1988), *Jahrbuch für Wirtschaftsgeschichte/Economic History Yearbook* 64 (2023), 339–375.

–, *Liberal Protectionism. Deutsche Bank and the Political Economy of German Bank Internationalisation, 1968–1985*, Diss. Goethe-Universität Frankfurt am Main, 2023.

Kieninger, Eva-Maria, Internationales Gesellschaftsrecht nach „Centros", „Überseering" und „Inspire Art": Antworten, Zweifel und offene Fragen, *Zeitschrift für Europäisches Privatrecht* 12 (2004), 685–704.

Krajewski, Markus, Demokratisierung, Partizipation und Transparenz in der WTO, in: Benno Engels/Klaus Liebig (Hgg.), *Die Zukunft des Welthandelssystems*, Hamburg 1999, 123–143.

Krauss, Clemens, *Geldpolitik im Umbruch. Die Zentralbanken Frankreichs und der Bundesrepublik Deutschland in den 1970er Jahren*, Berlin/Boston 2021.

Krejci, Heinz/Schmidt, Karsten, *Vom HGB zum Unternehmergesetz*, Wien 2002.

Kuchenbuch, David, *Globalismen. Geschichte und Gegenwart des globalen Bewusstseins*, Hamburg 2023.

Langhammer, Rolf Johannes, Wirtschaftstheoretische und ordnungspolitische Aspekte nicht-tarifärer Handelshemmnisse am Beispiel der EG und ihres Binnenmarktprogramms, in: Wulfdiether Zippel (Hg.), *Ökonomische Grundlagen der europäischen Integration. Eine Einführung in ausgewählte Bereiche der Gemeinschaftspolitiken*, München 1993, 41–59.

Lawrence, Robert Z., *Regionalism, Multilateralism, and Deeper Integration*, Washington D. C. 1996.

Leendertz, Ariane, Zeitbögen, Neoliberalismus und das Ende des Westens, oder: Wie kann man die deutsche Geschichte des 20. Jahrhunderts schreiben?, *Vierteljahrshefte für Zeitgeschichte* 65 (2017), 191–218.

Leslie, Peter M., *The European Community. A Political Model for Canada?*, Ottawa 1991.

Levinson, Marc, *The Box. How the Shipping Container Made the World Smaller and the World Economy Bigger*, 2. Auflage, Princeton 2016.

–, *Outside the Box. How Globalization Changed from Moving Stuff to Spreading Ideas*, Princeton/Oxford 2020.

Lewis, Paul, The Latest Battle of Poitiers, *New York Times* v. 14.1.1983, Section D, S. 1.

Li, Chung-Cho, Resumption of China's GATT Membership, *Journal of World Trade Law* 25 (1987), 25–48.

Lindlar, Ludger, *Das missverstandene Wirtschaftswunder. Westdeutschland und die westeuropäische Nachkriegsprosperität*, Tübingen 1997.

Ludlow, Piers, The Emergence of a Commercial Heavy-Weight: The Kennedy Round Negotiations and the European Community of the 1960s, *Diplomacy and Statecraft* 18 (2007), 351–368.

Lutter, Marcus, Europäische Aktiengesellschaft – Rechtsfigur mit Zukunft?, *Betriebs-Berater* 57 (2002), 1–7.

Majone, Giandomenico, *Europe as a Would-be World Power. The EU at Fifty*, Cambridge 2009.

–, The Rise of the Regulatory State in Europe, *West European Politics* 17 (1994), 77–101.

Malmendier, Ulrike/Nagel, Stefan, Learning from Inflation Experiences, *The Quarterly Journal of Economics* 131 (2016), 53–87.

Marx, Christian, *Wegbereiter der Globalisierung. Multinationale Unternehmen der westeuropäischen Chemieindustrie in der Zeit nach dem Boom (1960er–2000er Jahre)*, Göttingen 2023.

McKenzie, Francine, *GATT and Global Order in the Postwar Era*, Cambridge u. a. 2020.

Mee, Simon, *Central Bank Independence and the Legacy of the German Past*, Cambridge 2019.

Mengaleeva, Dinara, *The Effect of EU Expansion on Cross-border Mergers and Acquisitions Activity of European Companies*, MA-thesis, Bayreuth University 2022.

Mestmäcker, Ernst-Joachim, *Die Wirtschaftsverfassung der EU im globalen Systemwettbewerb*, Halle 2011.

Meunier, Sophie, *Trading Voices. The European Union in International Commercial Negotiations*, Princeton 2005.

–/Nicolaïdis, Kalypso, Who Speaks for Europe? The Delegation of Trade Authority in the EU, *Journal of Common Market Studies* 37 (1999), 477–501.

–/Nicolaïdis, Kalypso, The European Union as a Conflicted Trade Power, *Journal of European Public Policy* 13 (2006), 906–925.

Meyer, Katharina, *Grenzen und Entwicklungsmöglichkeiten des Souveränitätsprinzips in transatlantischen Handelsbeziehungen. Zur Legitimation grenzüberschreitender Verwaltungszusammenarbeit am Beispiel des Lebensmittelhandels zwischen der Europäischen Union und Drittstaaten*, Tübingen 2018.

Mourlon-Druol, Emmanuel, *A Europe Made of Money. The Emergence of the European Monetary System*, Ithaca 2012.

–/Romero, Federico (Hgg.), *International Summitry and Global Governance. The Rise of the G7 and the European Council, 1974–1991*, London/New York 2014.

Moyn, Samuel, Die Rückkehr des verlorenen Sohns – Einleitung: Die 1970er Jahre als Umbruchphase in der Menschenrechtsgeschichte, in: Jan Eckel/Samuel Moyn (Hgg.), *Moral für die Welt? Menschenrechtspolitik in den 1970er Jahren*, Göttingen 2012, 7–21.

Nakano, Satoshi, Maastricht Social Protocol Revisited: Origins of the European Industrial Relations System, *Journal of Common Market Studies* 52 (2014), 1053–1069.

Nanz, Patrizia/Fritsche, Miriam, *Handbuch Bürgerbeteiligung. Verfahren und Akteure, Chancen und Grenzen*, Bonn 2012.

–/Leggewie, Claus, *Die Konsultative. Mehr Demokratie durch Bürgerbeteiligung*, Bonn 2016.

Neebe, Reinhard, *Weichenstellung für die Globalisierung. Deutsche Weltmarktpolitik, Europa und Amerika in der Ära Ludwig Erhard*, Köln u. a. 2004.

Nettesheim, Martin, Die Tabak-Urteile des EuGH: Lifestyle-Regulierung im Binnenmarkt, *Europäische Zeitschrift für Wirtschaftsrecht* 27 (2016), 578–581.

Nicolaides, Phedon, Competition Among Rules, *World Competition* 16 (1992), 113–121.

Nielsen-Sikora, Jürgen, The ideas of a European Union and a Citizen's Europe. The 1975 Tindemans report and its impact on today's Europe, in: Jan Van der Harst (Hg.), *Beyond the Customs Union*, Baden-Baden 2007, 377–390.

Nützenadel, Alexander, *Stunde der Ökonomen. Wissenschaft, Politik und Expertenkultur in der Bundesrepublik 1949–1974*, Göttingen 2005.

OECD, *Declaration by the Governments of the OECD Member Countries on Guidelines for Multinational Enterprises, national treatment, international investment incentives and disincentives, consultation procedures*, Paris 1976.

Ogus, Anthony, Competition Between National Legal Systems: A Contribution of Economic Analysis to Comparative Law, *International & Comparative Law Quarterly* 48 (1999), 405–418.

Oliveiro, Vernie, The United States, Multinational Enterprises and the Politics of Globalization, in: Neill Ferguson u. a. (Hgg.), *The Shock of the Global. The 1970s in Perspective*, Cambridge 2010, 143–156.

Patel, Kiran Klaus, *Projekt Europa. Eine kritische Geschichte*, München 2018.

–, *Europäische Integration. Geschichte und Gegenwart*, München 2022.

–, „Desafio“ or „modelo“? The European Union's International Trade and Brazil, 1980s–1990s, *European Review of History*, https://doi.org/10.1080/13507486.2025.2471801.

–/Röhl, Hans Christian, *Transformation durch Recht. Geschichte und Jurisprudenz europäischer Integration 1985–1992*, Tübingen 2020.

Peters, Anne, Wettbewerb der Rechtsordnungen, *VVDStRL* 69 (2010), 7–56.

Petersmann, Ernst-Ulrich, Democratic Legitimacy of the CETA and TTIP Agreements?, in: Thilo Rensmann (Hg.), *Mega-Regional Trade-Agreements*, Cham 2017, 37–60.

Peterson, E. Wesley F./Paggi, Mechel/Henry, Guy, Quality Restrictions as Barriers to Trade: The Case of European Community Regulations on the Use of Hormones, *Western Journal of Agricultural Economics* 13 (1988), 82–91.

Petrini, Francesco, Demanding Democracy in the Workplace: The European Trade Union Confederation and the Struggle to Regulate Multinationals, in: Wolfram Kaiser/Jan-Henrik Meyer (Hgg.), *Societal Actors in European Integration. Polity-Building and Policy-Making, 1958–1992*, Basingstoke 2013, 151–172.

Pistor, Katharina, *Der Code des Kapitals. Wie das Recht Reichtum und Ungleichheit schafft*, 2. Auflage, Berlin 2021.

Pitteloud, Sabine, Unwanted Attention: Swiss Multinationals and the Creation of International Corporate Guidelines in the 1970s, *Business and Politics* 22 (2020), 587–611.

Plehwe, Dieter/Schmelzer, Matthias, Marketing Marketization. The Power of Neoliberal Expert, Consulting, and Lobby Networks, *Zeithistorische Forschungen* 12 (2015), 488–499.

Plumpe, Werner, „Ölkrise“ und wirtschaftlicher Strukturwandel. Die bundesdeutsche Wirtschaft im Zeichen von Normalisierung und Globalisierung während der 1970er Jahre, in: Alexander Gallus/Axel Schildt/Detlef Siegfried (Hgg.), *Deutsche Zeitgeschichte – transnational*, Bd. 53, Göttingen 2015, 101–123.

Preeg, Ernest H., The Uruguay Round Negotiations and the Creation of the WTO, in: Amrita Narlikar/Martin J. Daunton/Robert Mitchell Stern (Hgg.), *The Oxford Handbook on World Trade Organization*, Oxford 2012, 122–137.

Puntscher Riekmann, Sonja, The Struggle for and against Globalization: International Trade Agreements and the Democratic Question, in: Stefan Griller/Walter Obwexer/Erich Vranes (Hgg.), *Mega-regional Trade-Agreements. CETA, TTIP, TiSA: new orientations for EU external economic relations*, Oxford/New York 2017, 286–295.

Raphael, Lutz, *Jenseits von Kohle und Stahl. Eine Gesellschaftsgeschichte Westeuropas nach dem Boom*, Bonn 2019.

Ray, Siladitya, „We have no Choice“: Apple Says iPhones Will Switch Over to USB-Charger to Comply With New EU Law, *Forbes* v. 26.10.2023, https://www.forbes.com/sites/siladityaray/2022/10/26/weve-no-choice-apple-says-iphones-will-switch-over-to-usb-c-chargers-to-comply-with-new-eu-law/ (2.11.2024).

Reid-Henry, Simon, *Empire of Democracy. The Remaking of the West since the Cold War, 1971–2017*, New York u. a. 2019.

Reinhart, Carmen M./Rogoff, Kenneth S., The Modern History of Exchange Rate Arrangements: A Reinterpretation, *The Quarterly Journal of Economics* 119 (2004), 1–48.

Riechers, Arndt, Das „Unternehmen an sich“. Die Entwicklung eines Begriffes in der Aktienrechtsdiskussion des 20. Jahrhunderts, *Beiträge zur Rechtsgeschichte des 20. Jahrhunderts* 17/1996.

Rischbieter, (Julia) Laura, Risiken und Nebenwirkungen: Internationale Finanzstrategien in der Verschuldungskrise der 1980er Jahre, *Geschichte und Gesellschaft* 41 (2015), 465–493.

–, *Januskopf des Kapitalismus. Entscheiden in Staatsschuldenkrisen*, unveröffentlichte Habil.Schrift, Konstanz 2022.

Rivoli, Pietra, *The Travels of a T-Shirt in the Global Economy. An Economist Examines the Markets, Power, and Politics of World Trade*, 2. Auflage, Hoboken 2009.

Rödder, Andreas, *Die Bundesrepublik Deutschland 1969–1990*, München/Oldenbourg 2004.

Rodrik, Dani, *Das Globalisierungs-Paradox. Die Demokratie und die Zukunft der Weltwirtschaft*, München 2011.

Rollings, Neill, Business and Global Capitalism: Continuities and Change, *Harvard Business School Working Paper* 22–081 (2022), 23–26.

Romberg, Dennis, *Atomgeschäfte. Die Nuklearexportpolitik der Bundesrepublik Deutschland 1970–1979*, Leiden u. a. 2020.

Rosas, Allan, Life after Dassonville and Cassis: Evolution but No Revolution, in: Miguel Poiares Maduro/Loïc Azoulai (Hgg.), *The Past and Future of EU Law. The Classics of EU*

Law Revisited on the 50th Anniversary of the Rome Treaty, Oxford 2010, 433–446.

Rousselin, Mathieu, The EU as a Multilateral Rule Exporter: The Global Transfer of European Rules via International Organizations, *KFG: The Transformative Power of Europe, Working Paper* 48 (2012).

Schanetzky, Tim, *Die große Ernüchterung. Wirtschaftspolitik, Expertise und Gesellschaft in der Bundesrepublik 1966 bis 1982*, Berlin 2007.

Scharpf, Fritz W., *Sozialdemokratische Krisenpolitik in Europa*, Frankfurt am Main u. a. 1987.

Schelling, Thomas C., *The Strategy of Conflict*, Cambridge 1960.

Schenk, Catherine R., *International Economic Relations since 1945*, London/New York 2011.

Scherf, Harald, *Enttäuschte Hoffnungen – vergebene Chancen. Die Wirtschaftspolitik der Sozial-Liberalen Koalition 1969–1982; mit 20 Tabellen*, Göttingen 1986.

Schmelzer, Matthias, *Freiheit für Wechselkurse und Kapital. Die Ursprünge neoliberaler Währungspolitik und die Mont Pèlerin Society*, Marburg 2010.

Schmidt, Karsten, Wozu noch Handelsrecht? – Vom Kaufmannsrecht zum Unternehmensrecht, *Juristische Blätter* 6 (1995), 341–351.

–, Das Handelsrechtsreformgesetz, *Neue Juristische Wochenschrift* 51 (1998), 2161–2169.

Schmitt Glaeser, Walter, Partizipation an Verwaltungsentscheidungen. 2. Mitbericht, *VVDStRL* 31 (1973), 179–258.

Schmoeckel, Mathias, Die Wirtschaftsdemokratie bei Fritz Naphtali: Deutsche Prägungen und U.S.-amerikanische Vorbilder?, in: Boris Gehlen/Frank Schorkopf (Hgg.), *Demokratie und Wirtschaft eine interdisziplinäre Herausforderung*, Tübingen 2013, 87–111.

Schomerus, Lorenz, Die Uruguay-Runde – Erfahrungen eines Chefunterhändlers, *Beiträge zum Transnationalen Wirtschaftsrecht* 19/2003.

Schorkopf, Frank, *Die unentschiedene Macht. Verfassungsgeschichte der Europäischen Union, 1948–2007*, Göttingen 2023.

–, Abendland, *Frankfurter Allgemeine Zeitung* Nr. 121 v. 27.5. 2024, 6.

Schweitzer, Heike/Patel, Kiran Klaus, EU Competition Law in Historical Context. Continuity and Change, in: Kiran Klaus Patel/Heike Schweitzer (Hgg.), *The Historical Foundations of EU Competition Law*, Oxford 2013, 207–230.

Seeley, John Robert, *The Expansion of England. Two Courses of Lectures*, New York 2005.

Seibert, Ulrich, BB-Gesetzgebungsreport: Entwurf eines Mindestkapitalgesetzes (MindestkapG) – Substanzielle Absenkung des Mindeststammkapitals, *Betriebs-Berater* 60 (2005), 1061–1062.

Seidel, Katja, The Challenges of Enlargement and GATT Trade Negotiations: Explaining the Resilience of the European Community's Common Agricultural Policy in the 1970s, *International History Review* 42 (2020), 352–370.

Skeet, Ian, *Opec. Twenty-five years of prices and politics*, Cambridge 1988.

Slobodian, Quinn, *Globalists. The End of Empire and the Birth of Neoliberalism*, Cambridge/New York 2018.

–, *Globalisten. Das Ende der Imperien und die Geburt des Neoliberalismus*, Berlin 2019.

–, The Backlash against Neoliberal Globalization from Above: Elite Origins of the Crisis of the New Constitutionalism, *Theory, Culture & Society* 38 (2021), 51–69.

Steger, Debra P., The Founding of the Appellate Body, in: Gabrielle Marceau (Hg.), *A History of Law and Lawyers in the GATT/WTO*, Cambridge 2015, 447–465.

Steil, Benn, *The Battle of Bretton Woods. John Maynard Keynes, Harry Dexter White, and the Making of a New World Order*, Princeton 2013.

Teubner, Gunther, Wirtschaftsverfassung/Wirtschaftsdemokratie: Franz Böhm und Hugo Sinzheimer jenseits des Nationalstaats, *Arbeitspapier des Fachbereichs Rechtswissenschaft der Goethe-Universität Frankfurt/M.* 2/2016.

Thiessen, Jan, Transfer von GmbH-Recht im 20. Jahrhundert – Export, Import, Binnenhandel, in: Vanessa Duss u. a. (Hgg.),

Rechtstransfer in der Geschichte – Legal Transfer in History, München 2006, 446–497.

–, Appetitus Socialis Berolinensis. Unternehmensrecht in der Berliner Republik, *Rechtsgeschichte – Legal History* 25 (2017), 46–84.

–, Kapitalgesellschaftsrecht down under – deutsche Kolonialphantasien und die australische Limited im 19. Jahrhundert, in: Alfred Bergmann/Michael Hoffmann-Becking/Ulrich Noack (Hgg.), *Recht und Gesetz. Festschrift für Ulrich Seibert zum 65. Geburtstag*, Köln 2019, 951–987.

–, Der Konzern – eine Schöpfung der Kautelarjurisprudenz, Vom Konzern zum Einheitsunternehmen. Aktuelle Entwicklungsperspektiven des deutschen und europäischen Konzernrechts, *ZGR* Sonderheft 22 (2020), 1–36.

Tietje, Christian, Die historische Entwicklung der rechtlichen Disziplinierung technischer Handelshemmnisse im GATT 1947 und in der WTO-Rechtsordnung, *Arbeitspapiere aus dem Institut für Wirtschaftsrecht* 4/2002.

Trecker, Max, Neoliberalismus: Über ein intellektuelles Missverständnis, *Jahrbuch für Wirtschaftsgeschichte/Economic History Yearbook* 64 (2023), 263–297.

Tumlir, Jan, International Economic Order and Democratic Constitutionalism, *ORDO* 34 (1983), 71–83.

Türk, Henning, The Oil Crisis of 1973 as a Challenge to Multilateral Energy Cooperation among Western Industrialized Countries, *Historical Social Research* 39 (2014), 209–230.

Van 't Foort, Sander, The History of National Contact Points and the OECD Guidelines for Multinational Enterprises, *Rechtsgeschichte – Legal History* 25 (2017), 195–214.

Vauchez, Antoine, Die Regierung der „Unabhängigen". Überlegungen zur Demokratisierung der EU, in: Jürgen Rüttgers/Frank Decker (Hgg.), *Europas Ende, Europas Anfang*, Frankfurt am Main/New York 2017, 181–196.

Venzke, Ingo/Günther, Philipp, Völkerrechtlicher Investitionsschutz made in Germany? Zur Genese und Gestalt des ersten BIT zwischen Deutschland und Pakistan (1959), *Zeitschrift für ausländisches öffentliches Recht und Völkerrecht* 82 (2022), 73–120.

Vernon, Raymond, Economic Sovereignty at Bay, *Foreign Affairs* 47 (1968), 110–22.

Vogenauer, Stefan, „Taking Back Control of our Laws"? Zur Weitergeltung europäischen Rechts im Vereinigten Königreich nach dem Brexit, *JuristenZeitung* 79 (2024), 209–221.

Von der Groeben, Hans / Von Boeckh, Hans (Hgg.), *Kommentar zum EWG-Vertrag; in zwei Bänden*, Bd. 1: Art. 1–136, Baden-Baden 1958/1960.

Von Hein, Jan, in: Franz Jürgen Säcker u. a. (Hgg.), *Münchener Kommentar zum Bürgerlichen Gesetzbuch*, Bd. 12, 9. Auflage, Berlin 2024, Art. 4 EGBGB Rn. 161–162.

Walker, Richard P., The Vredeling Proposal. Cooperation Versus Confrontation in European Labor Relations, *International Tax & Business Lawyer* 1 (1983), 177–196.

Warlouzet, Laurent, *Governing Europe in a Globalizing World. Neoliberalism and its Alternatives*, London / New York 2018.

–, A Flanking European Welfare State: The European Community's Social Dimension, from Brandt to Delors (1969–1993), *Contemporary European History* 33 (2024), 23–36.

Weimer, Wolfram, *Deutsche Wirtschaftsgeschichte. Von der Währungsreform bis zum Euro*, Hamburg 1998.

Werron, Tobias, *Der globale Nationalismus*, Berlin 2018.

Winham, Gilbert R., *International Trade and the Tokyo Round Negotiations*, Princeton 1986.

Wirsching, Andreas, „Kaiser ohne Kleider"? Der Nationalstaat und die Globalisierung, *Vierteljahrshefte für Zeitgeschichte* 68 (2020), 659–685.

Woolcock, Stephen, *European Union Economic Diplomacy. The Role of the EU in External Economic Relations*, Farnham 2012.

Young, Michael K., Dispute Resolution in the Uruguay Round: Lawyers Triumph over Diplomats, *International Lawyer* 29 (1995), 389–409.

Zeiler, Thomas W., *American Trade and Power in the 1960s*, New York 1992.

Autorenverzeichnis

Prof. Dr. *Jan-Otmar Hesse*
Lehrstuhl für Wirtschafts- und Sozialgeschichte
Kulturwissenschaftliche Fakultät
Universität Bayreuth
Universitätsstraße 30 / GW II
95440 Bayreuth
Jan-Otmar.Hesse@uni-bayreuth.de

Prof. Dr. *Kiran Klaus Patel*
Historisches Seminar der Ludwig-Maximilians-Universität München
Postfach 105
Geschwister-Scholl-Platz 1
80539 München
patel@lmu.de

Prof. Dr. *Frank Schorkopf*
Universität Göttingen
Juristische Fakultät
Platz der Göttinger Sieben 5
37073 Göttingen
fschork@gwdg.de

Prof. Dr. *Jan Thiessen*
Humboldt-Universität zu Berlin
Juristische Fakultät
Unter den Linden 6
10099 Berlin
jan.thiessen@hu-berlin.de

Register